Het Kleine Bitcoinboekje
Waarom Bitcoin belangrijk is voor je vrijheid, financiën en toekomst

Schrijver: *The Bitcoin Collective*
Vertaling: *Rutger Damink & Dan Xi*

Published by
Konsensus Network

© 2019 Original work: **The Bitcoin Collective** *(Timi Ajiboye, Luis Buenaventura, Lily Liu, Alexander Lloyd, Alejandro Machado, Jimmy Song, Alena Vranova, Alex Gladstein)*
The Little Bitcoin Book: Why Bitcoin Matters For Your Freedom, Finances, and Future

© 2020 Nederlandse vertaling: **Rutger Damink & Dan Xi**
Het Kleine Bitcoinboekje: Waarom Bitcoin belangrijk is voor je vrijheid, financiën en toekomst

This translation is officially licensed from original copyright holders.

All Rights Reserved.

Disclaimer: Hoewel de uitgever en de auteurs hun best hebben gedaan op dit boek, bieden zij geen garanties dat de inhoud foutloos of compleet is. In het bijzonder nemen zij afstand van alle beleggingsuitspraken of geschiktheid voor een specifiek doel. De adviezen en de strategieën die besproken worden kunnen mogelijk niet wenselijk zijn voor uw situatie. Contacteer een professional als u hier hulp bij nodig heeft. Noch de uitgever, noch de auteurs, zijn verantwoordelijk voor verlies van vermogen of andere schade, dit omvat maar is niet beperkt tot speciale, tijdelijke of andere schade.

Geef ons feedback op de vertaling via: `info@konsensus.network`

Uitgegeven door: **Konsensus Network – The Bitcoin Publishing House**

Drukpers: CB, Postbus 125, 4100 AC Culemborg, Netherlands

ISBN 978-9916-9595-5-8 (Softcover), Version 1.0.0

Ontwerp boekomslag en illustraties: Luis Buenaventura
Illustratie "Venezuelan blockade": Timi Ajiboye
Zetwerk: Niko Laamanen, Rutger Damink & Dan Xi

KONSENSUS NETWORK ★ https://konsensus.network

Inhoudsopgave

Woord van de vertalers	vii
Voorwoord	ix
Over de auteurs	xi

1 Wat is er mis met het hedendaagse geld?   1
     Het is het jaar 1981 1
     Het is het jaar 1993 1
     Het is het jaar 2018 2
     Het is het jaar 2019 3
     Dit zijn verhalen over het falen van geld . . 4
     Deze voorbeelden staan niet op zich 4
     Wat is geld? 5
     Hoe werkt modern geld? 6
     De zwakke plek 9
     Het einde van financiële privacy 11
     Is er een andere manier? 12

2 Wat is Bitcoin?   **15**
     Het begin van Bitcoin 16
     Twee soorten schaarste 17
     Waarom decentralisatie goed kan zijn voor geld 19
     Decentrale digitale schaarste 20

Bitcoin mining: decentraal betalingen verwerken	22
Hoe werken Bitcointransacties?	23
Bitcoins monetaire beleid	26
Blockchaintechnologie	27
Hoe zit het met andere cryptovaluta?	29
Samenvatting	30

3 Bitcoins schommelende prijs — 33

Het langetermijnperspectief	34
Het middellangetermijnperspectief	35
Het kortetermijnperspectief	36
Samenvatting	39

4 Het belang van Bitcoin voor mensenrechten — 41

Zelf je eigen bank zijn	43
Ontsnappen aan hoge inflatie	43
Universele toegang tot geld	46
De cashloze maatschappij	49
Bitcoin versus Big Brother	51
Privébetalingen op het Lightningnetwerk	52

5 Twee alternatieve toekomstbeelden — 55

Het eerste toekomstbeeld	55
Het andere toekomstbeeld	56
Een wereld gebaseerd op Bitcoin; hoe ziet dat eruit?	57
De grenzeloze markt	58
Overheden gaan de prijs van oorlog betalen	59
Autoritaire systemen worden te duur	59
De juiste prijs	60
Het ontstaan van een gedecentraliseerde financiële sector	60
De macht van grote banken neemt af	61
Minder plaats voor surveillancekapitalisme	61

De opkomst van zelfsoevereiniteit 62
Het is nog vroeg 65
De toekomst is in jouw handen 67

6 Vragen en antwoorden 71

Wie is Satoshi Nakamoto? 71
Wie beheert en controleert Bitcoin? 72
Is bitcoin te volatiel? 73
Hoe wordt de waarde van Bitcoin gedekt? . 74
Kan je Bitcoin vertrouwen? 74
Hoe betrouwbaar is Bitcoin? 75
Waarom zijn er zoveel Bitcoinhandelsplatformen gehackt? 75
Gebruiken criminelen Bitcoin voor het witwassen van geld? 76
Is Bitcoin een piramidespel? 77
Is Bitcoin een bubbel? 78
Wat is Tether en hoe heeft het effect op Bitcoin? 79
Kunnen overheden Bitcoin verbieden of stoppen? 79
Is Bitcoin legaal? 80
Is het minen van bitcoin een verspilling van energie of slecht voor de natuur? 82
Wat als iemand met een super- of kwantumcomputer het Bitcoinnetwerk hackt? . . . 85
Hoe blijft Bitcoin gedecentraliseerd? . . . 86
Beschermt Bitcoin mijn privacy? 87
Hoe kan Bitcoin 7 miljard mensen voorzien in hun behoefte? 88
Is er extreme vermogensongelijkheid in Bitcoin? 89
Als er slechts 21 miljoen bitcoin zijn, hoe kan dat voldoende zijn voor de hele wereld? . . 90
Hoe kan ik bitcoin kopen? De prijs is zo hoog! 91
Hoe kom ik aan bitcoin? 91

Hoe gebruik ik een bitcoinwallet? 92

Additionele bronnen — 95
De Bitcoin Whitepaper 95
Broncode 95
Boeken 95
Websites & publicaties 96
Podcasts 97
Kopen en (ver)handelen 98
Wallets 98
Node oplossingen 99

Woordenlijst — 101

Dankwoord — 107

Woord van de vertalers

Bitcoin is zoveel meer dan alleen de prijs. Bitcoin is een wereld van gelijken. Een wereld van regels, zonder heersers. Van vertrouwen, zonder te moeten vertrouwen. Geen energieverspilling, maar energiegebruik. Een katalysator op weg naar een duurzamere wereld, maar ook een nieuwe wereld, die op het eerste oog vaak nog lastig en ongrijpbaar is.

Juist daarom hoop ik dat jij, beste lezer, dit boek met veel plezier zult lezen. Ik heb het in ieder geval met veel plezier vertaald. Verbaas je en verlies je in de oneindige hoeveelheid informatie die online te vinden is. Bitcoiners zullen je helpen. Maar eerst, lees dit boek. Er is geen beter begin. Samen zijn we 21 miljoen.

Rutger Damink
Klas van 2017

Twitter: @rutgerdamink
Web: rutgerdamink.com

In Nederland hebben we een ijzersterke Bitcoincommunity. We staan als land in de top van landen met de meeste nodes en er komen fantastische initiatieven voort uit ons land. Bijvoorbeeld Bitkassa, Bittr, de Nodezaak, Stekking, verschillende podcasts (Beginnen met Bitcoin, De Bitcoin Show en Satoshi Radio) en de vertaling van de Bitcoin Standaard.

Hopelijk vind je in dit boek veel antwoorden, maar word je ook enthousiast en nieuwsgierig naar meer. Als je meer de diepte in wilt, of nog vragen hebt, dan zit de Nederlandse Bitcoincommunity vol met behulpzame en intelligente mensen. Als je een vraag stelt in een Telegram-groep (bv. van bovengenoemde podcasts), zal je binnen 10 minuten een inhoudelijk goed antwoord krijgen.

Welkom in de Nederlandse Bitcoincommunity!

Dan Xi   Telegram: danxi
                                                                       Web: satjes.nl

Voorwoord

Wij zijn activisten, onderwijzers, ondernemers, leidinggevenden, investeerders en onderzoekers. We komen uit Afrika, Azië, Europa, Noord-Amerika en Zuid-Amerika. De onderlinge verschillen zijn groot, maar we zijn allemaal gefascineerd door Bitcoin en overtuigd van de impact op onze wereld en onze levens.

In maart 2019 besprak Jimmy met enkelen van ons het idee voor een zogeheten boek-sprint: we zouden een aantal dagen op een afgezonderde plek samenkomen om in korte tijd een boek te schrijven over Bitcoin en het belang voor de samenleving. We verzamelden twee maanden later tijdens het Oslo Freedom Forum ergens op een dakterras in Noorwegen, omgeven door het opgewonden geroezemoes van mensenrechtenactivisten en journalisten van over de hele wereld. Uiteraard ging het gesprek over Bitcoin en de wereld-veranderende mogelijkheden. Alex spoorde de groep aan om een boek te schrijven waarin het belang van Bitcoin wordt verteld, zonder de nadruk op de technische aspecten, wat zo vanzelfsprekend is in boeken van dit genre. We wilden nieuwsgierige mensen helpen om de gevolgen voor de mensheid van één van de meest ingrijpende innovaties van onze tijd beter te begrijpen. Enkele maanden later kwamen we met z'n achten samen in een huis in Californië om dit idee te realiseren.

Het boek dat jij nu vasthoudt, is het resultaat van onze vierdaagse inspanning. Het doel van dit boek is om je te helpen begrijpen waarom er problemen zijn met het huidige monetaire stelsel, waarom Bitcoin is uitgevonden om een alternatief te bieden, hoe het de politiek en de samenleving kan veranderen en wat het betekent voor onze toekomst.

We hopen oprecht dat je met het lezen van dit boek net zoveel ontzag krijgt voor Bitcoin als dat wij dat hebben.

---

8 Augustus 2019
Redwood City, Californië

Over de auteurs

Timi Ajiboye is een software-ontwikkelaar en ondernemer in Lagos, Nigeria. Hij is medeoprichter en leidinggevende van het bedrijf BuyCoins (buycoins.africa): een exchange waarop Afrikanen op een eenvoudige manier bitcoin kunnen kopen en verkopen met hun lokale valuta.
Twitter: @timigod

Luis Buenaventura is medeoprichter van BloomX (bloom.solutions): een startup in de Filipijnen die veilig handelt in cryptovaluta naar de opkomende wereld brengt. Hij is tevens de oprichter van Cryptopop.net: een kunstproject dat crypto beschikbaar maakt voor de massa.
Twitter: @helloluis

Alex Gladstein is Chief Strategy Officer van de Human Rights Foundation (hrf.org): een non-profit organisatie ter promotie van burgerlijke vrijheden en wereldwijde bestrijding van autoritarisme. Hij geeft daarnaast les over Bitcoin aan de Singularity University en heeft in o.a. TIME, CNN en Bitcoin Magazine.com geschreven over de kruising tussen technologie en vrijheid.
Twitter: @gladstein

Lily Liu is investeerder en ondernemer. Meest recent was ze medeoprichter en CFO van Earn.com: een platform waarop je in je vrije tijd bitcoin kon verdienen. Daarvoor heeft ze een ziekenhuis opgericht in China, gewerkt voor KKR en McKinsey, en gestudeerd aan Stanford en Harvard.
Twitter: @calilyliu

Alexander Lloyd heeft sinds 1998 in jonge startups geïnvesteerd en in 2008 richtte hij Accelerator Ventures op. Zijn eerste baan was in de valutahandel bij Goldman Sachs. In 2016 werd hij lid van het bestuur van de Human Rights Foundation, waar hij zich focuste op Noord-Korea.
Twitter: @alex01

Alejandro Machado is de oprichter van het Open Money Initiatief (openmoneyinitiative.org): een non-profit organisatie die onderzoekt hoe mensen geld gebruiken in gesloten economieën en ineenstortende monetaire systemen. Hij focust zich op de verbetering van de toegang tot digitaal geld in Venezuela.
Twitter: @alegw

Jimmy Song is een Bitcoinontwikkelaar, onderwijzer en ondernemer. Hij is de auteur van Programming Bitcoin (programmingbitcoin.com). Hij doet er alles aan om solide geld beschikbaar en bekend te maken voor de wereld. Aan de kleur van Jimmy's cowboyhoed kan je afleiden of hij de intentie heeft om aardig of gemeen te doen. Zijn PGP Fingerprint is C1D7 97BE 7D10 5291 228C D70C FAA6 17E3 2679 E455.
Twitter: @jimmysong

Alena Vranova heeft sinds 2003 meerdere succesvolle bedrijven voor financiële dienstverlening opgericht. De laatste 7 jaar heeft ze geprobeerd om individuen en kleine bedrijven te helpen om hun bitcoin te beveiligen met eigen beheer producten en diensten. In 2013 lanceerde ze Trezor,

de eerste hardwarewallet voor bitcoin, en tegenwoordig is ze strategisch leidinggevende bij Casa (keys.casa), om persoonlijke veiligheid en financiële soevereiniteit omtrent Bitcoin voor iedereen beschikbaar te maken.
Twitter: @AlenaSatoshi

De auteurs op dag 3 van de boek-sprint.

Hoofdstuk 1

Wat is er mis met het hedendaagse geld?

Het is het jaar 1981

In Manilla, slechts enkele maanden nadat de krijgswet voor het eerst in tien jaar officieel is opgeheven, verwelkomt een jong Filipijns stel hun eerste kind. De dictator Ferdinand Marcos blijft de komende jaren nog aan de macht, maar de ouders van Luis geven voorlopig enkel om het welzijn van hun jonge gezin. Ze hebben een kleine spaarrekening en zijn voor het eerst serieus begonnen met sparen, ter voorbereiding op de turbulente jaren die ze te wachten staan. De wisselkoers is zeven Filipijnse peso voor één Amerikaanse dollar.

Het is het jaar 1993

De Nigeriaanse Generaal Sani Abacha grijpt de macht in Lagos en stelt één Amerikaanse dollar gelijk aan 22 Nigeriaanse naira. Het is een agressieve poging om de economie te stabiliseren door verder verval van de naira te voorkomen. De vastgestelde wisselkoers geeft aanleiding voor een levendige ondergrondse economie waar de naira tegen een veel lagere koers wordt verhandeld. Tegen de tijd van Abacha's overlijden in 1998, wisselen dollars op de zwarte markt voor minstens 88 naira van hand; vier keer de officiële overheidskoers. Miljoenen mensen lijden nu ze niet langer in staat zijn om de stijgende voedselprijzen te betalen van hun overheidssalaris dat niet meestijgt.

Het is het jaar 2018

Burgers van Venezuela proberen te ontkomen aan de recordhoge 400.000% hyperinflatie door naar het naburige Colombia en Brazilië te vluchten. Meer dan 3 miljoen mensen zijn al ontsnapt aan de vernietigende uithongering en sociale ineenstorting.

Lorena, een 48-jarige bakker, komt tot het moeilijke besluit om naar Colombia te vluchten. Bij de grens doorzoekt de douane haar eigendom, op zoek naar waardevolle spullen om in beslag te nemen. Ze vinden niets. Ze weten niet dat Lorena uren is bezig geweest om Amerikaanse dollarbiljetten met haarspeldjes tussen haar uitgebreide vlechten te verbergen. Met opgeheven hoofd stapt ze een nieuw land binnen.

In Manilla zien de ouders van Luis hun geluk veranderen in een nachtmerrie. De wisselkoers is nu 50 Filipijnse peso voor één Amerikaanse dollar en hun geduldige sparen heeft over de jaren geresulteerd in een algeheel verlies van meer dan 80% van hun vermogen. Met hun naderende pensioen, zit er niets anders op dan doorgaan met werken en sparen, voor een meedogenloze en onvoorspelbare toekomst.

In Lagos is de naira in relatief rustig vaarwater gekomen na in slechts enkele jaren twee keer gehalveerd te zijn ten opzichte van de dollar. De prijzen van lokale goederen zijn wederom door het dak gegaan. Niemand vertrouwt erop dat de overheid een volgende crisis kan voorkomen, ook de ambtenaren niet.

Het is het jaar 2019

In Shanghai stuurt Annie, die recentelijk is begonnen met werken, een berichtje naar een van haar vrienden op WeChat, het populaire sociale media platform dat dagelijks door meer dan een miljard Chinezen wordt gebruikt. Haar vriend vertelt haar dat hij in de problemen is gekomen door het gebruik van marihuana. In het midden van de chatconversatie stopt hij plots met reageren.

De volgende dag stappen twee agenten in burgerkleding Annies kantoor binnen en vragen haar om mee te komen. Haar collega's zien haar vertrekken, waarop ze voor een aantal weken verdwijnt. Wanneer ze eindelijk terug online komt, heeft ze een aantal van WeChats betalingsmogelijkheden verloren. Ze kan niet langer vlieg- of treintickets kopen, want haar kredietscore is drastisch gekelderd. Haar leven is geruïneerd door een paar simpele tekstberichten.

In Oakland loopt Alex de dierenwinkel binnen op zoek naar hondenvoer. Hij vindt wat hij zoekt en even later ziet hij een interessant nieuw product dat belooft om de geur van de adem van zijn hond te verbeteren. Hij swipet zijn Chase Visa-card om de producten te betalen en loopt de winkel uit. Even later kijkt hij op Twitter en tot zijn verbazing ziet hij een advertentie met exact dezelfde hondenproducten die hij zonet gekocht heeft. Alex realiseert zich dat de details over zijn persoonlijke leven overgedragen worden aan adverteerders. Het bezorgt hem datzelfde ongemakkelijke gevoel waar de smartphonegeneratie al langer bekend mee is. Zelfs in de Verenigde Staten is financiële vrijheid aan het verdwijnen.

Dit zijn verhalen over het falen van geld

De ouders van Luis en miljoenen anderen in de Filipijnse en Nigeriaanse middenklasse zagen hun spaargeld binnen één generatie verdampen. Lorena zocht een manier om haar kleine beetje spaargeld de grens over te smokkelen naar Colombia en kwam zo tot haar creatieve kapsel. Annie zit nu in 'financieel gevangenschap' in China omdat een vriend een jointje rookte. Alex' aankopen worden in de gaten gehouden en doorverkocht aan talloze bedrijven met iedere swipe van zijn creditcard.

Deze voorbeelden staan niet op zich

Tussen 2000 en 2019 (het moment van schrijven) zijn bijna alle valuta significant in waarde gedaald ten opzichte van de Amerikaanse dollar. Velen van hen, zoals de Zuid-Afrikaanse rand, de Argentijnse peso en de Turkse lira, hebben bijna 50% verloren. Een handjevol ongelukkige valuta zoals de Oekraïense hryvnia en de Dominicaanse peso verloren op zijn minst 70%. Zelfs de Amerikaanse dollar en de euro hebben in diezelfde periode 33% van hun koopkracht verloren.

Wereldwijd worstelen er minstens 250 miljoen migranten en vluchtelingen om geld terug te sturen naar huis, of om het mee te nemen op zoek naar een beter leven. Zo'n twee miljard mensen hebben geen toegang tot een bankrekening of missen een officieel identificatiebewijs om ervoor in aanmerking te komen. In een toenemende globaliserende wereld, blijft geld halsstarrig lokaal.

Ondertussen is in supersteden als Shanghai en San Francisco het verontrustende gevoel van observatie voelbaar. Big Brother is watching you. Het surveillancekapitalisme (ook wel toezichtkapitalisme) registreert iedere aankoop en verkoopt deze data, zonder toestemming van de koper, aan een dozijn bedrijven. Privacy is tegenwoordig een luxe waarvan de prijs met de dag hoger lijkt te worden.

Wat is geld?

Geld is, in de basis, een sociale overeenkomst. Geld vereist mensen erop te vertrouwen dat de biljetten in hun portemonnee, de getallen op hun bankrekening en het saldo op hun cadeaubonnen, in de toekomst allemaal inwisselbaar zijn voor de spullen die ze willen of nodig hebben. De verkoper moet ermee instemmen dat het geld van de koper waardevol is.

Samenlevingen hebben in de loop van de geschiedenis van alles geprobeerd om tot deze overeenkomst te komen; van zeeschelpen, zout en goud, tot het complexe systeem van centrale banken vandaag de dag. Sommige geldsoorten zijn meer solide dan andere, wat onder andere betekent dat ze beter in staat zijn om door de tijd heen hun waarde te behouden.

Instinctief weet iedereen dat geld ertoe doet en dat je de meest solide geldsoort wilt die er is. Omdat de meeste mensen hun werk uitvoeren in ruil voor geld, is het representatief voor iemands tijd en moeite. Geld is het middel waarmee nu en in de toekomst arbeid wordt omgezet in goederen en diensten. In die zin is toegang tot solide geld een van de meest duurzame vormen van persoonlijke macht.

Geld is daarnaast ontzettend belangrijk voor de overheid. Omdat onze hedendaagse economieën worden georganiseerd door natiestaten, hebben overheden de macht en controle over geld. Misbruik van de controle over geld ligt te alle tijde op de loer. Historisch is gebleken dat overheidsambtenaren deze macht maar al te vaak manipuleren om hun eigen belangen te behartigen. Slechts de meest democratische overheden, die individuele rechten, een scheiding der machten en de rechtsstaat beschermen, kunnen effectief waken tegen monetair misbruik zoals op hol geslagen inflatie, willekeurige inbeslagname en corruptie.

Hoe werkt modern geld?

Alle hedendaagse nationale valuta in circulatie worden fiatgeld genoemd, waarbij *fiat* Latijn is voor "bij besluit". De waarde van deze valuta is vastgesteld door besluit van de natiestaten die ze uitgeven en accepteren. Aangezien overheden tegen lage kosten meer fiatgeld kunnen creëren, zijn ze in staat om op ieder moment een ongelimiteerde hoeveelheid nieuw geld te printen.

Alan Greenspan, de voormalig voorzitter van de Amerikaanse Federal Reserve, sprak daarover de volgende beroemde woorden: "De Verenigde Staten kan al haar schulden betalen omdat we altijd meer geld kunnen printen." Deze methode kan zelfs in de meest stabiele landen ter wereld tot problemen leiden. De oudste nationale valuta is het Britse pond en heeft in de laatste 300 jaar 99,5% van zijn koopkracht verloren. De Amerikaanse dollar heeft alleen in de laatste eeuw al 90% van zijn koopkracht verloren. Een biefstuk die in 1925 nog $0,36 kostte, was $3,- in de jaren '90 en kost vandaag de dag $12,-. Dit terwijl het pond en de dollar de meest stabiele valuta zijn die ooit hebben bestaan. De gemiddelde valuta heeft namelijk een levensduur van slechts 27 jaar.

De moderne centrale banken stellen lage en stabiele inflatie als doel en er zijn, afhankelijk van het land, meerdere periodes van succes geweest. Echter, de meeste valuta lijden over de lange termijn aan een hoge inflatie, die vernietigend kan zijn voor het spaargeld. Dit is met name het geval voor diegenen die niet in staat zijn om zich zogeheten harde activa als vastgoed en gevestigde aandelen te veroorloven, waarvan de waarde over het algemeen wel meebeweegt met de inflatie. Hoge inflatie maakt het lastig om te sparen voor de toekomst (met uitzondering voor de rijken).

Voor miljarden mensen die onder autoritaire regimes leven, vermindert de waarde van hun spaargeld door besluiten van ongekozen overheidsambtenaren. Slechts de elite is typisch in staat om zich toegang te verschaffen tot dollars, goud of vastgoed, om vermogen te behouden. Burgers in de rijkere samenlevingen genieten ondertussen van een aantal beschermende wetten en regels; ze hebben eenvoudig toegang tot een relatief stabiele valuta zoals de dollar of de euro, over het algemeen een grotere baangarantie en daarnaast toegang tot allerlei investeringsproducten om aan de inflatie te ontkomen.

Het effect dat de elite disproportioneel voordeel heeft bij het nieuw-geprinte geld is zo overduidelijk dat er een term voor is: het Cantillon-effect. Deze is vernoemd naar Richard Cantillon, een 18e eeuwse econoom die dit effect opmerkte toen hij als bankier werkzaam was in het Verenigd Koninkrijk. Dramatische of grootschalige inflatie is een oneerlijke manier om vermogen te verdelen, omdat het onvermijdelijk ten voordele is van de rijken, ten koste van de armen. Hoewel de effecten niet zo zichtbaar zijn voor de gemiddelde inwoner van de Verenigde Staten of Nederland, worden de gevolgen pijnlijk gevoeld door de miljarden burgers in landen met minder stabiele valuta.

Fiatgeld heeft het daarnaast mogelijk gemaakt dat oorlogen in de moderne tijd langer konden voortduren. Overheden konden immers geld printen om de oorlog te financieren, waardoor de kosten middels inflatie over toekomstige generaties verdeeld werden. Dit leidde onvermijdelijk tot langere en duurdere oorlogen. De Eerste Wereldoorlog is een tragisch voorbeeld, waarin de belangrijkste landen de latere fases van de oorlog financierden met inflatie. Zowel Rusland als Duitsland schortte de *gouden standaard* op, waardoor hun valuta niet meer inwisselbaar waren voor een vastgestelde hoeveelheid goud. Daardoor mochten burgers hun geld niet langer inwisselen en printte de overheid ongedekt geld om te kunnen blijven vechten. De oorlog duurde daardoor veel langer dan op voorhand werd gedacht. Toen Duitsland verloor konden ze de vele reparaties alleen betalen door nog meer geld te printen. Tegen 1923 bleek de Duitse mark tot 1-miljardste deel van zijn vooroorlogse waarde te zijn gekelderd, waarmee de weg werd vrijgemaakt voor de Tweede Wereldoorlog.

Vergelijkbare losbandige uitgaven zijn ook in recentere tijden zichtbaar. Wat men ook mag denken van de Amerikaanse militaire invasies in Afghanistan en Irak, de kosten van deze invasies zijn inmiddels opgelopen tot meer dan $5.900 miljard. Dit komt neer op meer dan $49.000 per huishouden als de Amerikaanse belastingbetaler was gevraagd om de oorlog rechtstreeks te financieren.

Een ander probleem van het moderne geldsysteem is dat het extreem lastig kan zijn om geld te versturen of te verplaatsen tussen verschillende landen in de wereld. De hoeveelheid geld die burgers mogen wisselen, versturen, of mee kunnen nemen naar het buitenland, wordt door overheden in landen als China, Rusland, Argentinië en Indonesië, ernstig beperkt.

Dit wordt voornamelijk gedaan door de mogelijkheid van iedere burger om lokaal geld te verwisselen voor Amerikaanse dollars, nauwlettend in de gaten te houden. De gemiddelde Chinese staatsburger mag bijvoorbeeld jaarlijks maximaal $50.000 aan renminbi converteren.

In andere delen van de wereld wordt zelfs de toegang tot van het eigen geld ernstig beperkt. Na de financiële crisis in 2015 werden Griekse burgers ervan weerhouden om meer dan 60 euro per dag op te nemen van hun bankrekening; een grimmige herinnering aan het feit dat we geen controle over ons eigen geld hebben.

Ook als mensen wel in staat zijn om geld naar het buitenland te sturen, blijft dit vaak duur en lastig. In 2018 zonden migranten en vluchtelingen bijna $700 miljard aan overboekingen over grenzen om hun geliefden te ondersteunen. Wisselkoersen en -toeslagen namen $45 miljard van dat geld in beslag; een gigantisch bedrag voor mensen die al zo weinig hebben om te sparen.

De zwakke plek

Alle centrale banken zijn een zwakke plek (*single point of failure*) in hun nationale economie. De Amerikaanse Federal Reserve functioneert als het ware als centrale bank voor alle banken ter wereld. Voor Amerikanen lijkt dit vooralsnog erg voordelig. De dollar is overal geaccepteerd en het is voor de meeste Amerikanen eenvoudig om een bankrekening te openen, krediet te verkrijgen en te betalen voor goederen en diensten. De meeste Amerikanen hebben daarnaast nauwelijks te lijden onder de gevolgen van inflatie.

De dynamische Amerikaanse economie is een belangrijke pijler voor de hedendaagse globale economie. De basis is de *dollarstandaard*; een globale monetaire hegemonie die in 1944 ontstond met een weinig bekend evenement in het New Hampshire hotel, het zogeheten Bretton Woodsakkoord.

De wereldmachten toendertijd organiseerden een bijeenkomst in Bretton Woods om een verenigende monetaire orde te bewerkstelligen nu de Tweede Wereldoorlog ten einde leek te komen. Gedurende drie weken kwamen meer dan 700 gedelegeerden uit 44 landen tezamen, om te debatteren en onderhandelen over de structuur van het toekomstige financiële systeem. Sommige gedelegeerden stelden de ontwikkeling van een nieuwe internationale reservevaluta voor, genaamd de *bancor*. Uiteindelijk kwamen de gedelegeerden echter overeen dat valuta aan de Amerikaanse dollar zouden worden gekoppeld. Als gevolg is de hedendaagse internationale handel voornamelijk uitgevoerd in dollars en probeert elk land dollars in reserve te houden.

Het centrale karakter van de Amerikaanse dollar voor het globale economische systeem uit zich in de manier waarop geld zich tussen landen verplaatst. Neem als voorbeeld het versturen van geld tussen Zuid-Korea en de Filipijnen. Normaliter is het onmogelijk om Koreaanse won rechtstreeks te verwisselen voor Filipijnse pesos, omdat de twee landen niet voldoende van elkaars valuta in bezit houden. Eerst wordt de Koreaanse won verkocht voor dollars in Seoul. Deze dollars gaan vervolgens van de Zuid-Koreaanse bank naar een Filipijnse via een Amerikaanse bank. Tot slot converteert de bank in Manilla de dollars naar Filipijnse pesos. Dit neemt op zijn minst een aantal dagen in beslag en de buitenlandse wisselkoersen en transactiekosten lopen al snel op tot een aantal procent voor populaire routes en tientallen procenten voor de minder populaire. De gemiddelde kosten voor dit soort grensoverschrijdende transacties is wereldwijd nog altijd 7%, zelfs voor kleine overboekingen.

Terwijl de wereld op vele vlakken heeft geprofiteerd van de dollarstandaard, heeft het ook geresulteerd in een fragiliteit waarin iedere economie in enige mate afhankelijk is van de Amerikaanse dollar en kwetsbaar voor zijn ineenstorting. Dit resulteert in een systeem waarbij het omvallen van een handvol banken in Amerika, kan leiden tot een wereldwijde economische catastrofe.

Het einde van financiële privacy

De digitalisering van geld heeft over de laatste 20 jaar geresulteerd in steeds minder mate van persoonlijke privacy, waarin elke transactie tegenwoordig wordt gebruikt voor politieke controle of commercieel gewin. Elektronisch geld heeft al lange tijd bestaan, maar de big-data analyses die nodig zijn om massasurveillance effectief te kunnen uitvoeren, zijn slechts sinds kort mogelijk. Noch online, noch fysieke aankopen zijn veilig, nu overheden en adverteerders in toenemende mate de persoonlijke voorkeuren, besluiten en connecties uitpluizen. Deze profielen zijn als digitale voetafdrukken uniek voor ieder individu en worden steeds geraffineerder en gemakkelijker identificeerbaar met iedere nieuwe aankoop. Dit heeft geleid tot een wereld waarin iedere Google-zoekopdracht naar een product, minuten later kan leiden tot Facebook en Instagram-advertenties voor datzelfde product.

Afhankelijk van je locatie, kan je persoonlijke digitale voetafdruk gevaarlijke consequenties hebben. In de zomer van 2019 protesteerden tienduizenden studenten in Hong Kong tegen het nieuwe wetsvoorstel dat de Chinese overheid zou toestaan om iedere burger zonder proces uit te leveren aan Beijing. Ze wisten dat als ze de (aan hun studenten-ID gelinkte) *Octopus Cards* gebruikten voor het metrosysteem, ze hun locatie zouden verraden en dus kozen ze ervoor om contant geld te gebruiken voor eenmalig te gebruiken tickets. Dit is nu nog een veilige optie, maar papier- en muntgeld staat het komende decennium op het punt om te worden uitgefaseerd in de meeste grote steden. Tegen die tijd is er geen enkele andere mogelijkheid om van het openbaar vervoer gebruik te maken zonder je locatiegegevens kenbaar te maken aan de autoriteiten en bedrijven. Aan de digitale voetafdruk is dan niet meer te ontkomen.

De publieke opinie wat betreft inzage in het uitgavenpatroon van burgers, door overheden en/of bedrijven is verschillend. Sommigen vinden het verontrustend, anderen zien het als grove overtreding van de privacy, terwijl het de meesten totaal niet lijkt te boeien. Hoe dan ook, het feit is dat naast de controle over het geldaanbod en waar men kan betalen, autoriteiten nu ook werkelijk alles over kopers en verkopers te weten kunnen komen. De toenemende digitalisering van 's werelds betalingssystemen kunnen weleens de aanleiding zijn voor de totale vernietiging van persoonlijke privacy.

Is er een andere manier?

Vier globale fenomenen - de ontwaarding van persoonlijke rijkdom, de restricties op waardetransport, financiële centralisatie, en het verlies van privacy - vertegenwoordigen de grote risico's voor het individu die zich een weg probeert te banen door het monetaire systeem van de 21e eeuw. Mensen overal ter wereld voelen de druk nu landen moeite hebben om de status quo vast te houden.

Wat als er een nieuw systeem zou ontstaan waarin overheden niet de mogelijkheid hebben om naar willekeur geld te devalueren en bedrijven niet de eigendommen van hun klanten kunnen bevriezen of kunnen weigeren om een transactie te verwerken? Wat als geld volledig digitaal zou zijn, gebruikt zou kunnen worden door iedereen met toegang tot internet, ongeacht waar op aarde, zonder toestemming nodig te hebben van een autoriteit?

In de nasleep van de financiële crisis in 2008, besloot een onbekend persoon om exact zo'n systeem te bouwen, waarmee de volgende grote financiële revolutie begon.

Hoofdstuk 2

Wat is Bitcoin?

Op 15 september 2008 vroeg de beroemde investeringsbank Lehman Brothers om uitstel van betaling. Het werd het grootste faillissement in de Amerikaanse geschiedenis. De val van Lehman Brothers, opgericht in 1850, was het hoogtepunt van de wereldwijde drang om te lenen. Het bedrijf nam veel meer risico met hypothecaire leningen dan de totale waarde van het bedrijf toeliet. In het bijzonder met zogeheten *subprime loans*, een verwijzing naar de lage kredietscore van de aanvragers vanwege hun slechte kredietgeschiedenis of het ontbreken van inkomen. Het bedrijf kwam in financiële nood toen huizenbezitters stopten met het aflossen van de hypotheek. Herstel bleek niet meer mogelijk.

Plots bleek al het onderlinge vertrouwen tussen de banken en Lehman Brothers verdwenen. De kredietcrisis maakte het voor bedrijven lastig om nog langer leningen te verkrijgen en hun activiteiten te financieren. Zonder geld om voorraden aan te vullen, te investeren in nieuwe apparatuur, of werknemers te betalen, is het lastig om te blijven opereren.

Een vicieuze neerwaartse spiraal ontstond.

Het Amerikaanse ministerie van Financiën en de Federale Reserve besloten om banken geld te lenen om het systeem overeind te houden. Op 3 oktober 2008 redde het Amerikaanse Congres meerdere banken die op omvallen stonden door de *Emergency Economic Stabilization Act* (een noodwet voor economische stabilisatie) in te voeren. De overheid gaf honderden miljarden dollars uit om de ineenstortende financiële sector te ondersteunen.

Het begin van Bitcoin

Op 31 oktober 2008 — slechts enkele weken nadat de Amerikaanse regering $700 miljard overheidssteun had goedgekeurd om de banken te redden — bracht een nog onbekend persoon onder de naam Satoshi Nakamoto een *whitepaper* uit, waarin een nieuw elektronisch betaalsysteem werd geïntroduceerd genaamd Bitcoin. Satoshi deelde de whitepaper met een mailinglijst voor cryptografiefanaten, ook wel *cypherpunks* genoemd — een groep privacy-activisten die tools creëren om surveillance en machtsmisbruik van de overheid tegen te gaan.

De whitepaper was om twee redenen opvallend; allereerst, omdat de auteur een pseudoniem gebruikte. Satoshi's identiteit blijft tot op de dag van vandaag een interessant mysterie. We weten tot op heden ook nog niet of het om een individu of om een groep mensen gaat. Maar nog belangrijker, het rapport beschreef iets wat nooit eerder had bestaan: digitaal geld zonder afhankelijkheid van een centrale autoriteit. Slechts weinigen hielden dat voor mogelijk.

Enkele maanden later lanceerde Satoshi het Bitcoinnetwerk. In het eerste blok verstopte hij een boodschap:

The Times 03/Jan/2009 Chancellor on brink of second bailout for banks

Dit verwees naar een kop die op 3 januari 2009 verscheen in de prominente Britse krant *The Times*. Satoshi's boodschap voor de wereld was duidelijk: het huidige systeem, waar banken gered worden ten koste van de gewone burger, is gebroken. Bitcoins nieuwe decentrale financiële technologie is ontwikkeld om een uitweg te bieden.

Om de wetenschappelijke innovatie van Bitcoin te begrijpen, is het noodzakelijk om eerst het begrip *schaarste* te begrijpen.

Twee soorten schaarste

In het fysieke domein zijn er twee soorten schaarste. De eerste is door mensen gemaakt en in die zin kunstmatig: verzamelobjecten zoals de gelimiteerde editie handtassen van Chanel, Michael Jordans basketbalkaarten, zeldzame wijnsoorten of het kunstwerk van een specifieke kunstenaar. Dit wordt ook wel *gecentraliseerde* schaarste genoemd. Deze items zijn over het algemeen kwetsbaar voor vervalsing.

Het tweede type schaarste is van natuurlijke aard. Deze categorie omvat onder andere zout, glazen kralen in Ghana, zeeschelpen van de inheemse Amerikaanse cultuur, zilver in China en uiteraard goud dat wereldwijd gevonden wordt. Dit zijn voorbeelden van *gedecentraliseerde* schaarste en ze zijn over het algemeen lastiger te vervalsen.

Het is geen toeval dat gedecentraliseerde schaarse goederen als zout en goud gebruikt zijn als geld. Ten eerste heeft het een bepaalde eerlijkheid om een goed te gebruiken waar geen enkel individu of groep de controle over heeft. Ten tweede zijn deze goederen veel lastiger te vervalsen. Tot slot helpt een beperkte hoeveelheid van goederen om economische transacties eenvoudig tot stand te brengen, omdat er geen onredelijk grote hoeveelheden nodig zijn om iets te kopen.

Het grote onderscheid tussen deze twee vormen van schaarste is de controle. Gecentraliseerde schaarste wordt gecreëerd door één bedrijf of persoon — ongeacht of dat de People's Bank of China, de Europese Centrale Bank, de kunstenaar of een grote multinational is. Die entiteit, of *centrale autoriteit*, heeft de volledige controle over de schaarste van het goed door middel van creatie, uitgifte, terugkopen en inbeslagname.

Gedecentraliseerde schaarse goederen ontstaan in de natuur; geen enkele centrale autoriteit heeft het alleenrecht op productie. Er wordt niets gecreëerd. Het proces is dan ook beter te vergelijken met verzamelen of oogsten. Om een natuurlijk schaars goed zoals goud of olie te verkrijgen, haalt een producent datgene wat al in de grond verborgen zit naar boven.

Om goud te mogen delven, heeft men tot op de dag van vandaag nooit om toestemming hoeven te vragen, met uitzondering van die van de landeigenaar. Met andere woorden: er is geen centraal punt van waaruit goud zijn leven begint en geen enkele globale autoriteit is bevoegd om goudwinning te beperken of het aanbod te verhogen. Dit is het belangrijkste verschil tussen gecentraliseerde en gedecentraliseerde schaarse goederen, in het bijzonder wanneer deze als geld gebruikt worden.

Waarom decentralisatie goed kan zijn voor geld

Zoals eerder aangegeven is een van de onoverkomelijke eigenschappen van gecentraliseerd geld dat zijn maker het aanbod naar willekeur kan vergroten door simpelweg meer geld te printen. Hoewel dit zich in veel grotere mate voordoet bij autoritaire regimes dan in democratische landen, gebeurt dit overal.

In de film *Bugsy* verkoopt de gelijknamige hoofdrolspeler dezelfde papieren aandelen van het Pink Flamingo casino aan nietsvermoedende investeerders. Voor $10.000,- krijgt een investeerder 20% van het casino. Meer dan twaalf investeerders trappen in de val en kopen hetzelfde aandeel, omdat ze verkeerd zijn ingelicht over de werkelijke hoeveelheid die ze van het casino gekocht hebben. Ze zijn allemaal in de veronderstelling dat ze nu 20% van het casino bezitten, maar ze bezitten in werkelijkheid veel minder. Bugsy daarentegen profiteert, aangezien hij veel meer geld ontvangt.

Deze financiële prikkel is een probleem waar ieder gecentraliseerd goed mee te maken heeft. De centrale autoriteit kan de productie verhogen, waardoor de waarde voor de bezitters vermindert. Over het algemeen printen centrale banken geld voor positieve doeleinden als de bouw van infrastructuur, ondersteuning van sociale projecten of stabilisering van de economische crisis. Echter, denk even terug aan het Cantillon-effect van hoofdstuk 1; *Wat is er mis met het hedendaagse geld?*: ook bescheiden gebruik van deze macht kan al in het voordeel zijn van de rijken en machtigen, ten koste van de armen en machtelozen. De mogelijkheid om geld te printen leidt tot *moreel wangedrag*: risicoverhogend gedrag van partijen die zelf geen directe hinder ondervinden van de gevolgen.

Uiteraard kan ontwaarding ook voorkomen bij gedecentraliseerd geld. Nieuwe technologie kan het verzamelen van zeldzame objecten goedkoper maken, waardoor de markt overspoeld wordt met het nieuwe aanbod. Een goed wordt veel zwakker en minder solide zodra het zijn schaarste verliest. Dit is waarom zout, zeeschelpen en glazen kralen niet langer als geld gebruikt worden. Ze waren lastig om op grote schaal te verzamelen, maar door technologische innovatie zijn ze tegenwoordig goedkoop en eenvoudig te verkrijgen.

Goud is een van de weinige uitzonderingen en behoudt zijn waarde opvallend goed, zelfs na duizenden jaren van goudwinning. Hoewel goud ook industrieel en decoratief wordt toegepast, heeft de arbeidsintensieve productie een relatief solide geldsoort opgeleverd. De stabiele koopkracht maakte het een perfect middel voor waardeopslag[1]. Zelfs vandaag de dag worden gouden juwelen bewaard als bescherming tegen economische crisis. Gouds grootste nadeel is echter zijn fysieke gestalte en het gewicht, omdat opslag, beveiliging en transport daardoor lastig kunnen zijn.

Veel Bitcoiners zijn ervan overtuigd dat bitcoin goud uiteindelijk zal vervangen als voorkeursmiddel voor langdurige waardeopslag. Zoals dit hoofdstuk zal aantonen, is bitcoin decentraler en schaarser dan goud en tevens veel eenvoudiger om te vervoeren en veilig op te slaan.

Decentrale digitale schaarste

Door de opkomst van het internet werd informatie op grote schaal gedigitaliseerd en verspreid. Het kopiëren van een digitaal bestand is veel eenvoudiger en goedkoper dan van zijn fysieke tegenhanger.

Met de digitalisering van geld werd fysieke waardeoverdracht overbodig. Dit was een noodzakelijke innovatie voor de opkomst van e-commerce (online aankopen). Sindsdien

---

[1] De Engelse term is *store of value*

is het gemakkelijker geworden om online zaken te doen en ligt wereldwijde handel met een druk op de knop binnen handbereik. Digitale versies van fiatgeld worden door de banken in het leven geroepen en vervolgens verwerkt door creditcardbedrijven zoals Visa en MasterCard, door retailbedrijven zoals Alibaba, Amazon en Bol.com, of door op het internet geboren betalingsverwerkers zoals WeChat, PayPal en het in Nederland veelgebruikte iDEAL.

Al deze bedrijven zijn in staat om transacties te censureren. Ze kunnen bijvoorbeeld het geld in beslag nemen en accounts afsluiten, en dit gebeurt veelal zonder toestemming van de klant. Bovendien staan deze bedrijven vanwege hun gecentraliseerde structuur vaak onder druk van de overheid of zijn ze slachtoffer van hackaanvallen die ertoe kunnen leiden dat geld of data van de klant gestolen wordt. Voorafgaand aan Bitcoin was dit het onvermijdelijke compromis voor digitaal geld: kunstmatige schaarste kon enkel en alleen door een centrale autoriteit worden gewaarborgd. Een andere manier om schaarste te creëren in het digitale domein leek lange tijd onmogelijk.

Op 31 oktober 2008 presenteerde Satoshi Nakamoto zijn doorbraak: bitcoin, een nieuwe digitale valuta waarvan de schaarste geworteld zit in het feit dat er wel degelijk schaarse items in het digitale domein te vinden zijn, namelijk: zeldzame getallen.

Sommige van de zeldzaamste getallen zijn priemgetallen. Een priemgetal – zoals 2, 3 of 5 – is enkel en alleen deelbaar door 1 en zichzelf. Priemgetallen zijn in toenemende mate zeldzaam bij grotere getallen. Tussen 1 en 100 bevinden zich bijvoorbeeld 25 priemgetallen. Je zou misschien verwachten dat er 250 priemgetallen tussen 1 en 1000 zitten, maar dat zijn er slechts 168. Priemgetallen worden ongelofelijk schaars na 100 miljard, zoveel zelfs dat er een wereldwijde wiskundige zoektocht gaande is naar het grootste priemgetal.

Op het Bitcoinnetwerk ontstaan nieuwe bitcoins aan de hand van een wereldwijde competitie waar deelnemers op zoek gaan naar zeldzame getallen, vergelijkbaar met priemgetallen. Dit maakt decentrale schaarste mogelijk in het digitale domein. Dit is dan ook waarom Satoshi's uitvinding zo wonderbaarlijk is. Elk goed voorafgaand aan bitcoin was óf volledig gecentraliseerd (bv. goud in World of Warcraft), óf fysiek aanwezig (bv. goud en zilver), óf oneindig te dupliceren (bv. MP3's en digitale foto's). Voor de komst van bitcoin bestond er simpelweg geen decentraal, digitaal *en* schaars goed.

Bitcoin mining: decentraal betalingen verwerken

Het decentrale karakter van bitcoin is gebaseerd op het feit dat het net zoals goud een natuurlijk schaars goed is en daarnaast moeilijk is om te produceren. Dit proces wordt ook wel *minen*[2] genoemd. Vergelijkbaar met het delven van goud, is het minen van bitcoin de zoektocht naar iets zeldzaams te midden van het veel voorkomende. Zodra een bitcoinminer het juiste zeldzame getal vindt, kunnen anderen dit eenvoudig controleren, net zoals goud relatief eenvoudig kan worden onderscheiden van nepgoud.

In plaats van pikhouwelen en graafmachines in een zoektocht naar goud, maken bitcoinminers gebruik van krachtige computers in hun zoektocht naar zeldzame getallen. Zodra er één gevonden is, wordt ieder zeldzaam getal een *proof-of-work* genoemd, omdat het aan iedereen bewijst dat er veel werk is verzet om dit te vinden.

Net als met goud, hoeft er geen centrale autoriteit toestemming te verlenen om te minen: iedereen is vrij om

---

[2] De Engelse term voor het woord *delven*, zoals bij het delven van goud. Vanuit mining (het proces van minen) komt ook de term *bitcoinminer*.

de benodigde software te downloaden om op te zoek te gaan naar de zeldzame getallen die voldoen aan de gestelde criteria.

Het voordeel ten opzichte van goudwinning is dat hier geen land voor benodigd is; enkel een computer en (betaalbare) energie zijn voldoende. Miners van over de hele wereld gaan onderling en onafhankelijk de strijd aan, op zoek naar proof-of-work die aan de criteria van het Bitcoinnetwerk voldoen.

Dus in tegenstelling tot de gecentraliseerde systemen, kent Bitcoin geen single point of failure: als het Visa-netwerk plat gaat, kan niemand meer betalen met zijn Visa-kaart. Hetzelfde geldt in het geval van Paypal, Amazon of één van de overige voorbeelden. Daarnaast berust Bitcoin ook niet op een enkele autoriteit. Niemand kan een specifieke transactie onmogelijk maken of censuren. Bitcoins niet te stoppen netwerk van miners levert een essentiële dienst: het verwerken van betalingen zonder de kwetsbaarheden van een centrale autoriteit.

Hoe werken Bitcointransacties?

Om dit beter te begrijpen, maken we een vergelijking met het grootboek van een bank. Als iemand een betaling uitvoert om voor een product of dienst te betalen en zowel de verzender als ontvanger hebben een rekening bij de bank, dan hoeft de bank enkel de rekening van de verzender te debiteren en de rekening van de ontvanger te crediteren. Voor dit hele proces zijn slechts twee aantekeningen nodig in het grootboek van de bank. Bankmedewerkers hoeven dan ook al lang niet meer de kluis in om de exacte hoeveelheid aan munt- en briefgeld van de verzender aan dat van de ontvanger toe te voegen. Boekhouden door middel van een grootboek was een bepalende historische stap waardoor het verzenden van geld veel minder arbeidsintensief werd. Het equivalent van een bankoverschrijving in bitcoin wordt een *transactie* genoemd.

Bitcoin gebruikt hier een bijzonder type grootboek voor dat de *blockchain* wordt genoemd. In plaats van een centrale autoriteit, zijn er wereldwijd duizenden mensen die continu de blockchain controleren met behulp van verificatiesoftware. Gebruikers van de software bewaren een kopie van de blockchain en verifiëren de nieuwe transacties. Dit wordt het draaien (of runnen) van een *node* genoemd. Iedere node controleert of er aan de regels van Bitcoin wordt voldaan. Op deze manier is geen centrale autoriteit in staat om de gegevens in de blockchain aan te passen, om bitcoins te stelen of uit te geven wat ze niet hebben. Bitcoins blockchain staat bekend als een *publieke blockchain*, omdat iedereen alle uitgevoerde transacties kan bekijken.

Bitcointransacties zijn vergelijkbaar met de manier waarop cheques worden uitgeschreven. De uitgever specificeert het bedrag en ondertekent de cheque. Echter, in plaats van hun naam en handtekening op een eenvoudig te vervalsen stuk papier te zetten, wordt er gebruik gemaakt van een *digitale handtekening* op basis van cryptografie.

Deze digitale handtekening wordt gemaakt door gebruik te maken van een *privésleutel*[3] waar enkel de specifieke bitcoinbezitter bekend mee is. De privésleutel stelt de verzender in staat om een digitale handtekening te maken die aan de ontvanger bewijst dat de verzender de bitcoins bezit.

Gebruikers slaan hun bitcoins op in een zogeheten *wallet*; software op een computer, mobiele telefoon of gespecialiseerde hardware. Elke seconde worden er vanuit wallets van over de hele wereld bitcointransacties geïnitieerd, echter zonder centrale betalingsverwerker. In plaats daarvan gaan miners van over de hele wereld de onderlinge

---

[3] De Engelse term is *private key*

concurrentie aan om de transacties op te nemen in de blockchain. De miners gebruiken hun rekenkracht om dat specifieke zeldzame getal te vinden. Ongeveer iedere 10 minuten is er ergens ter wereld een miner die de proof-of-work weet te vinden en deze, tezamen met een grote groep nog te verwerken transacties, opneemt in het volgende *blok*. De miner deelt dit blok vervolgens met het Bitcoinnetwerk ter controle.

Ieder blok is als een nieuwe pagina van Bitcoins wereldwijde grootboek en de nodes op het netwerk verifiëren of de opgenomen transacties geldig zijn. Iedereen kan een node draaien, en dus zijn er duizenden gebruikers om de geldigheid van ieder nieuw blok op ieder moment te waarborgen. Als het netwerk bevestigt dat het zojuist door de miner voorgestelde blok geldig is, dan ontvangt de miner een beloning van 6,25 nieuwe bitcoins, en worden het blok en alle daarin opgenomen transacties een permanent onderdeel van Bitcoins geschiedenis. Op moment van schrijven, wordt een typische bitcointransactie meestal in minder dan een uur, opgenomen in de blockchain.

Bitcoins blockchain heeft zijn naam te danken aan de verzameling blokken, of alle pagina's, in het historische grootboek. Met andere woorden, de blockchain is het volledige onveranderlijke grootboek van alle transacties op het Bitcoinnetwerk sinds zijn ontstaan in januari 2009.

Zoals gezegd bestaat het Bitcoinnetwerk uit duizenden nodes, waarbij iedere node onafhankelijk de nieuwe blokken van miners verifieert. De redelijk bescheiden hardwarebenodigdheden betekenen dat de meeste moderne laptops een node kunnen draaien. Zolang een node betrekkelijk goedkoop en betaalbaar blijft, blijft het netwerk gedecentraliseerd.

HOE GELD DE WERELD OVER VLIEGT

DE TRADITIONELE MANIER

LOKALE BANK — CORRESPONDENT BANK — LOKALE BANK

— VERSUS —

DE BITCOIN MANIER

GROOTBOEK

Bitcoins monetaire beleid

In tegenstelling tot het ondoorzichtige beleid van centrale banken dat continu aan verandering onderhevig is, is Bitcoins monetaire beleid transparant en in beton gegoten.

Bitcoins worden als volgt in omloop gebracht: zoals eerder werd vermeld, heeft een miner recht op de zogeheten *blokbeloning* zodra hij een geldige proof-of-work vindt en deze toevoegt aan een groep met geldige transacties — waardoor een geldig nieuw blok ontstaat. Op het moment van schrijven is de blokbeloning 6,25 bitcoin. Ongeveer iedere vier jaar wordt deze blokbeloning gehalveerd [4]. Dit betekent dat de blokbeloning rond 2024 zal halveren tot 3,125 bitcoin, rond 2028 naar 1,56 bitcoin, enzovoorts.

Als een miner probeert vals te spelen en een beloning

---

[4] De meest recente *bitcoinhalving* vond 11 mei 2020 plaats, toen de blokbeloning gehalveerd werd van 12,5 naar 6,25 bitcoin.

claimt die groter is dan de op dat moment geldende blokbeloning, dan wordt het specifieke blok bij de controle van de overige nodes geweigerd. Nodes controleren alle nieuwe blokken en ieder blok dat zich niet aan de regels houdt wordt niet aan hun blockchain toegevoegd. Dit is vergelijkbaar met een bank die een cheque weigert waarin de verzender meer geld probeert te verzenden dan hij bezit. Niemand kan dus valse bitcoins in omloop brengen. Transacties waarin bitcoins worden verzonden die niet bestaan en blokken die zulke transacties opnemen, worden eveneens geweigerd door de nodes.

Een ongeldig blok komt de miner duur te staan, omdat dat blok geweigerd wordt en de grote hoeveelheid elektriciteit die nodig was om de proof-of-work te vinden, niets oplevert. Dit maakt eventuele fraude ontzettend duur, wat zodoende het Bitcoinnetwerk beveiligt. Als het aantal nodes op het Bitcoinnetwerk daarentegen klein is, dan is een miner mogelijk in staat om een frauduleus blok opgenomen te krijgen door een aantal nodes om te kopen. Zolang er echter vele duizenden nodes op het netwerk zitten en deze geografisch verspreid en voor elkaar onbekend zijn, is een dergelijke strategie gedoemd te mislukken.

Satoshi heeft de totale hoeveelheid bitcoin vanaf het begin af aan vastgezet op 21 miljoen. Vandaag de dag is al meer dan 85% van die bitcoin gemined, dat betekent dat er al meer dan 18 miljoen bitcoin in omloop is. De rest wordt volgens een openlijk bekend schema, in steeds kleinere hoeveelheden, uitgekeerd aan de miners.

Blockchaintechnologie

Er zijn al veel pogingen gedaan om op het succes van Satoshi's uitvinding voort te borduren. Het is een populaire strategie om Bitcoins blockchaintechnologie toe te passen op andere gebruiksmogelijkheden. Sinds 2014 zijn er al heel veel bedrijven geweest die kosten noch moeite hebben gespaard in een poging om blockchaintechnologie in hun specifieke industrie toe te passen. Hierdoor ontstond een gigantische hype en media-aandacht rondom *blockchaintechnologie*.

Helaas blijkt de meerderheid van deze pogingen absolute overdaad te zijn — alsof we voor het doen van boodschappen een heftruck zouden gebruiken. Het voertuig werkt perfect binnen zijn originele context (opslaan van het grootboek voor gedecentraliseerd digitaal geld), maar blijkt veel te langzaam, onnodig verspillend, of niet-functioneel voor andere applicaties zoals gezondheidszorg, track-and-trace van groenten, meteorologische data, enzovoorts op de blockchain.

Bitcoin bestaat uit vier belangrijke aspecten, waar de blockchain er slechts één van is. Ten eerste is bitcoin een digitaal schaars goed. Ten tweede is Bitcoin een peer-to-peer netwerk[5] van nodes dat door niemand zomaar te stoppen of censureren is. Ten derde berust het minen van bitcoin op proof-of-work, waardoor fraude kostbaar is. Tot slot heeft Bitcoin een blockchain die volledig en publiekelijk inzichtelijk is. Deze vier technologieën zijn nauw aan elkaar verbonden en als slechts één onderdeel wordt verwijderd, is het resultaat direct veel minder nuttig.

Voor een volledig digitaal goed zoals bitcoin, is een blockchain als openbaar register het perfecte middel. Zowel het nieuwe aanbod als al zijn transacties worden perfect en onbetwistbaar geregistreerd. Voor informatie uit onze fysieke wereld, zoals data over koffiebonen of de gezondheidszorg, is echter lastig te garanderen dat de informatie onfeilbaar is zolang de mogelijkheid bestaat

---

[5] een netwerk van gelijken die zonder centrale autoriteit met elkaar verbonden zijn

dat er door onoplettendheid fouten worden gemaakt bij het invoeren van de data, of sprake is van bewuste fraude. Hierdoor ontkom je voor dergelijke applicaties niet aan een centrale autoriteit die garant kan staan voor de juistheid van de informatie, waardoor de noodzaak van een blockchain in eerste instantie al overbodig wordt.

Desondanks zijn er gigantische bedragen geïnvesteerd in blockchaintechnologie op zoek naar andere toepassingen dan gedecentraliseerd geld. Tot op heden is er echter nog niemand in geslaagd om een grootschalig registratiesysteem op basis van blockchaintechnologie te maken die significant beter of zelfs net zo goed is als traditionele systemen.

Hoe zit het met andere cryptovaluta?

Naast het kopiëren van Bitcoins blockchain, heeft men ook geprobeerd om andere cryptovaluta te creëren, die zo worden genoemd omdat deze nieuwe digitale geldsoorten net zoals bij bitcoin een digitale handtekening vereisen om transacties te ondertekenen. Deze projecten, vaak altcoins genoemd, zijn niet gedecentraliseerd en veelal regelrechte oplichting. Bitconnect is een bekend voorbeeld van een frauduleuze cryptovaluta.

Slechts een handvol cryptovaluta heeft wellicht een legitieme toepassing. Dit zijn wat ons betreft onder andere Monero (XMR) en Zcash (ZEC), die zich focussen op een betere privacy voor de gebruiker, of Ethereum (ETH), wat gebruikt wordt als platform voor blockchaintoepassingen. Daarnaast richten ook grote bedrijven zich op cryptovaluta. Zo heeft Facebook de Diem (het voormalige Libra-project) aangekondigd, die in potentie erg populair kan worden gezien de miljarden Facebookgebruikers. Diem is echter van nature gecentraliseerd en zal nooit over Bitcoins censuurresistentie en schaarste beschikken.

Er zijn meerdere groepen geweest die op brutale wijze hebben geprobeerd om te profiteren van Satoshi's succes, door hun cryptovaluta te vernoemen naar bitcoin. Hierdoor is er veel verwarring ontstaan welke valuta nu eigenlijk bitcoin is. Let bij exchanges en wallets dus altijd goed op het tickersymbool BTC. Varianten van bitcoin zijn als nepgoud: ze lijken hetzelfde, maar zijn veel gecentraliseerder en veel lager geprijsd. Dit zijn onder andere: *Bitcoin Cash* (BCH), *Bitcoin Gold* (BTG), en *Bitcoin Satoshi's Vision* (BSV).

Samenvatting

- Bitcoin is een baanbrekende technologische doorbraak en een alternatief voor het bestaande financiële systeem.

- Bitcoin is digitaal geld waarmee wereldwijde transacties eenvoudig zijn uit te voeren, aangezien de afwikkeling slechts minuten in plaats van dagen in beslag neemt.

- Bitcoin is een schaars goed en beschermt tegen de dreiging van willekeurige inflatie.

- Bitcoin is gedecentraliseerd, waardoor niemand betalingen kan censureren.

- Bitcoin is wereldwijd de enige gedecentraliseerde digitale en schaarse vorm van geld

- Bitcoin heeft de potentie om de huidige monetaire orde omver te werpen

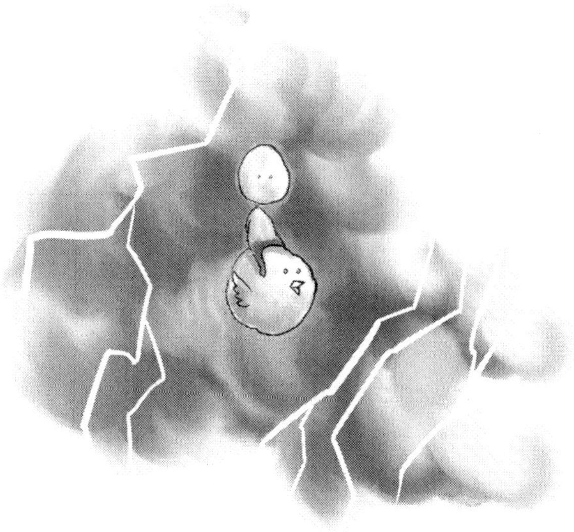

Hoofdstuk 3

Bitcoins schommelende prijs

Disclaimer: De auteurs van dit boek zijn geen beleggingsexperts. Dit hoofdstuk beschrijft mogelijke verklaringen voor de schommelingen van de bitcoinkoers en algehele volatiliteit. Dit is geen beleggingsadvies.

Er worden veel vragen gesteld over de prijs van bitcoin: Waarom is bitcoin waardevol? Hoe komt het dat de prijs zoveel gestegen is? Waarom schommelt de koers zoveel? En hoe kan bitcoin iets waard zijn terwijl het, in tegenstelling tot de Amerikaanse dollar, niet wordt onderschreven door een overheid?

De prijs van een goed wisselt al naar gelang schommelingen in vraag en aanbod. Voor bitcoin kunnen we die verschuivingen toewijzen aan verschillende variabelen die verschillen wat betreft lang, middellang en korte termijn perspectief.

Het langetermijnperspectief

In het eerste decennium van bitcoin, groeide de prijs van minder dan een cent naar een toppunt van $20.000. In februari 2021, behaalde een bitcoin een nieuwe top van $58.000.

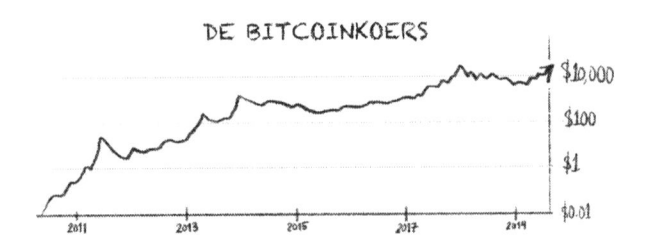

DE BITCOINKOERS

Bitcoin is een schaars goed. Zoals uitgelegd in hoofdstuk 2; *Wat is Bitcoin?*, worden er maximaal 21 miljoen bitcoins gemined en komen er daarna geen nieuwe bitcoins meer in omloop. Dit beperkte aanbod en het transparante uitgave-schema is aantrekkelijk voor kopers omdat het alternatief – fiatgeld – onderhevig is aan inflatie. Er wordt meer fiatgeld gecreëerd waardoor eenzelfde hoeveelheid door de jaren heen, steeds meer koopkracht verliest. Op lange termijn is bitcoin aantrekkelijk omdat het niet bijgeprint kan worden, transacties niet gecensureerd kunnen worden en omdat het moeilijk is om bitcoin in beslag te nemen.

De totale waarde van alle geminede bitcoin is slechts $650 miljard (begin 2021). Ter vergelijking; de waarde van al het gedolven goud bedraagt op dit moment $11,8 biljoen. Het marktaandeel van bitcoin is slechts 5,5% dat van goud; de markt is klein en dus gevoeliger voor schommelingen. Dagelijks wordt er voor ongeveer $77 miljard verhandeld, in vergelijking met $183 miljard per dag voor goud. *Liquiditeit* is de term die gebruikt wordt voor het gedeelte (van het totaal) dat beschikbaar is om op korte termijn te verhandelen. Omdat bitcoin relatief weinig liquiditeit heeft, kunnen ook kleinere kopers of verkopers een impact hebben op de prijs. Met de groei van Bitcoin (doordat de markt groeit en meer toepassingen gevonden zullen worden), zal de volatiliteit afnemen. Dit proces kan meerdere decennia duren.

Het middellangetermijnperspectief

Als je naar de waarde van Bitcoin kijkt op de middellange termijn (maanden tot jaren), zijn er drie grote factoren die de koers bepalen: de kosten van het minen, de vraag naar bitcoin van grote institutionele kopers en de halvings. Het minen van bitcoin brengt kosten met zich mee: apparatuur, elektriciteit en de kosten om het draaiende te houden. Deze kosten moeten betaald worden met behulp van fiatgeld. Om deze te betalen verkopen de meeste miners regelmatig een deel (of zelfs alle) bitcoin die ze hebben gemined. Op het moment van schrijven wordt door miners gemiddeld $250-300 miljoen per maand verkocht om de operationele kosten te dekken. Dit komt neer op 40-50% van de waarde van de maandelijks geminede bitcoin. De vraag naar bitcoin op deze schaal, komt van institutionele bedrijven, welgestelde individuen, vermogensbeheerbedrijven en beleggingsfondsen die met cryptovaluta willen beginnen en veelal bij bitcoin starten. Een andere belangrijke factor die de prijs beïnvloedt is de *halving*. Zoals beschreven in hoofdstuk 2; *Wat is Bitcoin?*, halveert de blokbeloning elke vier jaar. Bitcoin heeft tot nu toe 3 halvings gekend: 2012, 2016 en 2020. Alle drie de halvings zorgden voor een abrupte daling in het aantal beschikbare bitcoins waardoor de prijs een snelle stijging doormaakte.

De snelle toename van de bitcoinkoers trekt veel partijen aan. Dit wisselt van kleine investeerders met bedragen vanaf $100, tot bedrijven die voor miljoenen aan bitcoin kopen. Dit stuwt de prijs verder op waardoor aandacht van de media wordt getrokken en er bij beleggers een zogeheten *fear of missing out*[1] optreedt. Dit stuwt vervolgens de prijs nog verder op waardoor een bubbel ontstaat en de prijs uiteindelijk daalt met 80% of meer. Het is mogelijk dat deze prijs-cycli zich ook de komende halvings doorzetten.

Het kortetermijnperspectief

Het gebrek aan centrale autoriteit heeft een belangrijk neveneffect: volatiliteit. Hoe bitcoin wordt verhandeld is een cruciale factor die invloed heeft op de volatiliteit van bitcoin. Er zijn vele plaatsen waar bitcoin verhandeld wordt. Dit zijn onder andere *peer-to-peer handelsplatformen* (waar de uitwisseling plaatsvindt tussen twee personen), *fiatgeld-naar-crypto handelsplatformen* (waar fiatgeld direct omgewisseld kan worden voor bitcoin) en *crypto-to-crypto handelsplatformen* (waar twee cryptovaluta tegen elkaar worden gewisseld). Specifiek voor traders die winst willen boeken op basis van de volatiliteit zijn er *leveraged exchanges*. Dit zijn handelsplatformen waar je kunt traden met tot wel 100 keer de eigen inleg.

Handelsplatformen om cryptovaluta te verhandelen bestaan voornamelijk op het internet. Daardoor zijn ze 24/7, elke minuut van de dag beschikbaar. Traditionele markten zoals de aandelenmarkt zijn gevestigd op een fysieke plaats en zijn enkel tijdens werkdagen open. Daarnaast worden ze voornamelijk door professionele beleggers gebruikt, niet door particuliere beleggers.

---

[1] Dit wordt ook wel FOMO genoemd; de angst om iets te missen

Omdat iedereen met een computer met internet, bitcoin kan verzenden en ontvangen, is het relatief makkelijk voor een ondernemer om een simpel handelsplatform op te zetten. Ook is op dit moment de regelgeving omtrent bitcoin nog niet zo streng als die van traditionele markten. Daarnaast is het voor een online handelsplatform vrij gemakkelijk om de servers en officiële bedrijfsvoering te verplaatsen naar gebieden waar de jurisdictie meer vrijheid geeft; bv. Malta, de Seychellen of de Filipijnen. Dit is gemakkelijk doordat handelsplatformen geen bankrekening nodig hebben en het personeel online kan werken.

Als je gebruik wilt maken van een handelsplatform, moet je er op vertrouwen dat zij jouw vermogen veilig kunnen bewaren. Helaas worden vele handelsplatformen slecht onderhouden en beveiligd. Er hebben meerdere incidenten plaatsgevonden waarbij er sprake was van grootschalige diefstal. In het geval van Mt. Gox, Bitfinex en Quadriga zijn gezamenlijk tienduizenden bitcoins gestolen (miljarden aan waarde in dollars).

Waarschuwing voor lezers: Een aantal handelsplatformen zijn gehackt waardoor klanten hun bitcoins verloren. Lezers dienen voorzichtig te zijn wanneer zij gebruikmaken van een handelsplatform. Bewaar op een handelsplatform nooit meer bitcoin dan je bereid bent om te verliezen.

De geschiktheid van bitcoin voor online trading werkt korte termijn-volatiliteit in de hand. Waar centrale banken proberen om de volatiliteit zo laag mogelijk te houden, maken traders juist gebruik van volatiliteit. De prijsvolatiliteit van bitcoin kan op korte termijn (binnen een maand, maar ook binnen een minuut) extreem zijn. Op 1 januari 2019 was de prijs van één bitcoin $3.500. Een jaar later is deze al gestegen naar $35.000. Dagelijkse schommelingen van 20% zijn niet abnormaal. Dit is beangstigend voor investeerders, maar voor speculatieve beleggers die op korte termijn winst zoeken, een paradijs.

Bitcoin heeft, in tegenstelling tot traditionele aandelenmarkten, geen fundamentele indicatoren wat betreft de prijs. Bitcoin heeft geen werknemers, geen omzet, geen duidelijke indicatoren waarop je kan baseren of 'het bedrijf' goed functioneert. Het gebrek aan zulke indicatoren betekent dat bij speculatie technische analyse de beste kans heeft tot een juiste voorspelling van de koers. Voor die beleggers is traden een variant van online poker, waarbij ze hun strategie kunnen perfectioneren vanuit het gemak van hun luie stoel.

Zoals bij traditionele markten, reageert de koers van bitcoin ook op significant nieuws. Echter is het niet zo simpel dat de koers stijgt bij goed nieuws en daalt bij slecht nieuws. In 2013 daalde de koers flink nadat het grootste handelsplatform van die tijd, Mt. Gox, was gehackt. Dit staat in contrast tot 2018, toen Binance (het grootste handelsplatform van die tijd) werd gehackt en in reactie daarop de koers steeg.

De volatiliteit van bitcoin zal afnemen naar gelang bitcoin meer waardevol en meer liquide wordt. De schommelingen van de koers zullen afnemen, zoals dat het geval is bij aandelen van zeer bekende bedrijven versus minder bekende bedrijven. Als voorbeeld: het is voor een individuele trader makkelijker om de koers van een kleine nieuwkomer op de beurs te beïnvloeden, dan van een bedrijf als Apple of Tesla.

Bitcoin is uniek en risicovol voor traders. De beperkte liquiditeit en de mogelijkheid tot leveraged traden maakt bitcoin aantrekkelijk en zal voor de nabije toekomst blijven bijdragen aan de volatiliteit.

Samenvatting

- Sinds het begin van bitcoin, is de prijs gestegen als gevolg van de beperkte voorraad en de toegenomen vraag. Op korte termijn, is de prijs gevoelig voor speculatie, marktmanipulatie en een grote mate van volatiliteit.

- Uiteindelijk zijn de vastgestelde voorraad en de gedecentraliseerde basis van Bitcoin de oorzaak van zijn waarde en zijn volatiliteit.

- Als bitcoin zich ontwikkelt als een middel voor waardeopslag en een belangrijk onderdeel wordt van de digitale economie (zoals fiatgeld nu is bij fysieke economieën), dan zal bitcoin worden gebruikt als betaalmiddel en als middel om prijzen mee vast te stellen. Op dat moment wordt de waarde van bitcoin minder volatiel. In de tussentijd, zal het gevoelig blijven voor marktwerking zoals beschreven bij *het middellangetermijnperspectief* en *het kortetermijnperspectief*, waardoor de koers heftig kan fluctueren.

Hoofdstuk 4

Het belang van Bitcoin voor mensenrechten

De uitvinding van Bitcoin stelt individuen in staat om het resultaat van hun harde werk te consolideren en de verkregen rijkdom op te slaan als digitale informatie. Dit helpt voorkomen dat regimes of corporaties willekeurig controle hebben over de manier waarop burgers sparen of transacties uitvoeren. De eerste gevolgen van deze financiële revolutie zijn al zichtbaar en worden met name in dictaturen al gevoeld. Maar vergis je niet, ook in onze liberale democratie zullen we de gevolgen ondervinden.

In hoofdstuk 1; *Wat is er mis met het hedendaagse geld?*, zijn voorbeelden gegeven van mensen uit Nigeria tot Venezuela die worstelen met de hoge inflatie, financiële surveillance, toegang tot banken of een gebroken economische infrastructuur.

Deze verhalen staan niet op zichzelf. Volgens data van de Human Rights Foundation leeft ongeveer de helft van de wereldbevolking onder autoritaire bewindvoering. Dat zijn ongeveer 4 miljard mensen die ernstig onderdrukt worden door hun overheden. Velen van hen zijn economische vluchtelingen of politiek gevangenen. Deze individuen worden niet beschermd door de wet of de mogelijkheid tot vreedzaam protest voor hervormingen. Zelfs Amerikaanse en Europese overheden onderdrukken hun burgers van tijd tot tijd, waarbij financieel toezicht en inflatie alsmaar lijken toe te nemen. Het redden van banken, extern militair ingrijpen, gesubsidieerde welzijnprogramma's en toenemende grensbewaking zijn slechts enkele van de bedenkelijke activiteiten die mogelijk worden gemaakt door meer geld te printen.

In situaties waar burgers worden gedwongen om gecentraliseerde betalingsplatformen te gebruiken [1], de bankrekening van een mensenrechtenorganisatie door een dictator wordt geblokkeerd, of als internationale sancties de burgers van een land straffen voor misdaden die hun ongekozen heersers hebben begaan — dan biedt Bitcoin een uitweg.

Wereldwijd zijn er honderden miljoenen mensen zonder bankrekening of formeel identiteitsbewijs. Door Satoshi's uitvinding zijn al deze individuen niet langer afhankelijk van contant geld. Slechts een telefoon met internetverbinding stelt de meest kwetsbare mensen onder ons in staat om bitcoin te ontvangen; snel, goedkoop, ongeacht wie de afzender is en zonder angst voor censuur of inbeslagname.

Bitcoin verandert hierdoor het spel voor grensoverschrijdende betalingen en overboekingen. Daarnaast heeft het de potentie om vele andere aspecten van de samenleving te verbeteren. Bitcoin creëert een ware globale markt voor goederen en diensten en kan de weg vrij maken voor een gelijk en eerlijk speelveld.

---

[1] zoals in China waar WeChat miljoenen levens nauwlettend in de gaten houdt

Zelf je eigen bank zijn

In landen als Bahrein, Rusland en Zimbabwe oefent de overheid dictatoriale controle uit over het bankensysteem, waardoor een hoge mate van verduistering en corruptie aan de orde van de dag zijn. Bitcoin legt de basis voor een wereld waar overheden en bedrijven minder controle hebben en waar individuen zowel over meer keuzevrijheid als individuele vrijheid beschikken.

Bij Bitcoin is er bij transacties geen sprake van tussenpersonen die de mogelijkheid hebben te censureren of de persoonlijke data van de verzender te verkopen aan derden. Dit beschermt tegen dieven, kwaadwillende bedrijven en spionage door overheden. Geen enkele andere valuta of betalingsverwerker is in staat om dezelfde mate van veiligheid te bieden.

In de hoop om nog een beetje geld te sparen, zat er voor de meeste mensen in landen met een gebroken economie lange tijd niets anders op dan om het geld in een oude sok te bewaren. Dit is niet alleen erg onhandig en omslachtig, maar ook lastig om te beveiligen tegen inbraak of politie. De privésleutel (vergelijkbaar met een geheim wachtwoord) voor het verzenden van bitcoin kan op allerlei manieren bewaard worden; op papier, een computer, USB-stick of in het uiterste geval door 24 woorden te onthouden. Dit zorgt ervoor dat elke bitcoinbezitter zelf zijn vermogen kan bewaren en beschermen op de manier die voor hem of haar passend is.

Ontsnappen aan hoge inflatie

Burgers van Iran tot Somaliland leven onder regimes die roekeloos valuta bijprinten, waardoor hun zuurverdiende geld snel minder waard wordt.

Uiteraard onthoudt geen enkele centrale bank zich volledig van inflatie. Over het algemeen beschouwen zij kleine geldinjecties als wenselijk, vanuit de overtuiging dat dit de markt in beweging houdt. Democratische landen mogen dan enige weerstand bieden, maar zoals we hebben gezien kan inflatie al snel uit de hand lopen.

Volgens de consumentenprijsindex (CPI) stegen de consumentenprijzen van 2018 tot 2019 in Nederland met 2,2%. In de VS was dit 1,9%. In veel andere landen stegen de prijzen veel harder: 3,75% in Brazilië, 5% in India, 11% in Nigeria, 20% in Turkije en een verbijsterende 47% in Argentinië. Bewoners van landen waar de prijs harder stijgt dan 10% ondervinden een abrupte ontwaarding van hun verdiensten en eventuele spaargeld.

Venezuela is een extreem voorbeeld. Door het oneindige bijprinten van geld, de systematische corruptie en het algemeen economische mismanagement, stegen prijzen in 2018 met 2.300.000% — een hyperinflatie die zo ernstig is dat sparen onmogelijk is. Geld verdampt zodra het op de bankrekening staat. Dit dwingt de inwoners om van dag tot dag te leven. Zodra er ook maar iets verdiend wordt, koopt men essentiële goederen om te overleven. Ze leven onder een autoritair regime en zijn niet in de mogelijkheid om deel te nemen aan vrije en eerlijke verkiezingen om hun regering aansprakelijk te houden. In de afgelopen jaren zijn er meer dan 4 miljoen burgers, bijna 10% van de bevolking, gevlucht naar omringende landen zoals Brazilië en Colombia, in wat nu bekend staat als één van de ergste vluchtelingencrisissen wereldwijd.

Het Venezolaanse regime heeft niet alleen de binnenlandse economie leeggeplunderd, maar ook hebben zij al bijna twee decennia strenge kapitaalcontroles opgelegd. Het is buitengewoon lastig om geld het land in of uit te sturen. Dit gebeurt voornamelijk via tussenpersonen die toegang hebben tot bankrekeningen in twee landen: iemand geeft bijvoorbeeld Colombiaanse pesos aan een tussenpersoon met een account in Venezuela, die vervolgens het equivalent in Venezolaanse bolivars naar zijn eindbestemming stuurt. Deze oplossing wordt echter steeds vaker tegengehouden, nu banken onder druk van de overheid mensen aanwijzen die hun rekening vanuit het buitenland gebruiken. Denk even terug aan hoofdstuk 1; *Wat is er mis met het hedendaagse geld?*: het regime staat niet toe dat zijn bevolking de beschikking heeft over een meer solide en betere geldsoort dan de bolivar.

Een alternatief is om vrienden of familie uit de Verenigde Staten te vragen om Amerikaanse dollars te verzenden naar een Western Union kantoor in een nabijgelegen stad in Colombia. De ontvanger moet echter grote risico's nemen om het geld vervolgens op te halen. Niet alleen moet hij eerst Venezuela zien te ontvluchten, ook moet hij met het geld op zak weer terug zien te komen. Het is overbodig om te zeggen dat dit tijdrovend en gevaarlijk is, aangezien landsgrenzen overspoeld worden met corrupte douaniers die het contante geld maar al te graag in beslag willen nemen.

De oplossing: gebruik Bitcoin om geld over de landsgrenzen heen te sturen. Venezolanen kunnen vrienden en familie tegenwoordig per sms om bitcoin vragen, waarna ze het binnen enkele minuten tegen geringe kosten ontvangen. Het is onmogelijk om deze transactie te censureren en het is moeilijk om het te traceren. Voor mensen in een stabiele economie lijkt bitcoin misschien volatiel, maar voor Venezolanen is zelfs een abrupte 20% fluctuatie kinderspel vergeleken met de recente 2.300.000% inflatie van de bolivar.

Zodra de bitcoin ontvangen is op hun mobiel of computer, kunnen ze dit eenvoudig verhandelen naar lokale valuta via LocalBitcoins.com, een marktplaats-achtige website die handelaren uit meer dan 100 landen met elkaar verbindt. Ze bieden de vers ontvangen bitcoin aan op de site en ontvangen over het algemeen direct de eerste biedingen.

Het duurt slechts 15 minuten om bitcoin te verkopen en bolivar te ontvangen. Dit systeem wordt dagelijks gebruikt om miljoenen dollars aan waarde in en uit Venezuela te krijgen. Bitcoin is dus nu al een parallelle economie die als laatste redding dient voor mensen in volledig gebroken economische systemen zoals in Venezuela.

Universele toegang tot geld

Over het algemeen is het voor een burger van een stabiele democratie geen enkel probleem om een bankrekening te openen. Dat is echter niet het geval voor miljarden andere mensen op de wereld. In Afghanistan en Saoedi-Arabië worden vrouwen door mannelijke familieleden verhinderd om zelf een bankrekening te openen. Hun financiële vrijheid wordt hen effectief ontnomen. Bitcoin kan in dat geval een laatste reddingsboei zijn.

In 2014 stond de Afghaanse technologie-ondernemer Roya Mahboob voor een grote uitdaging; ze zocht een manier om haar vrouwelijke werknemers te betalen. Als ze hen cash gaf, zou hun familie het afpakken. Mannelijke familieleden stonden niet toe dat de vrouwen een bankrekening zouden openen. Software zoals PayPal was in Afghanistan niet beschikbaar. Een vriend attendeerde haar op de mogelijkheid om Bitcoin te gebruiken, waarna ze het al snel in gebruik nam om haar werknemers te betalen. Het gaf hen de financiële vrijheid die ze zochten.

Een van deze jonge vrouwen was gevlucht uit Afghanistan omdat ze met de dood werd bedreigd. Ze nam haar bitcoins mee, die ze op haar telefoon had opgeslagen. Ze reisde door Iran en Turkije om uiteindelijk in Duitsland aan te komen. Daar ruilde ze haar bitcoins in voor euro's om haar nieuwe leven te beginnen, bitcoins die tijdens haar reis overigens ontzettend in waarde waren toegenomen.

Bitcoin is in staat om kansarme mensen te helpen; mensen die worden onderdrukt, mensen zonder bankrekening of zonder alternatief.

Aangezien Bitcoins infrastructuur en persoonlijke uitwisseling de komende jaren blijft groeien, zal het van grote impact zijn op ontwikkelingshulp en humanitaire hulp. Misschien wel het meest levendige beeld van wat er mis is in deze sector, is de foto die gemaakt werd aan de grens van Venezuela, waar het Maduro-regime er alles aan deed om de noodhulp buiten de deur te houden door de grens te barricaderen met grote trailers. Wat er niet te zien was op de foto, waren de miljoenen dollars aan bitcoin die de overheidscontrole wisten te omzeilen.

Het huidige systeem voor buitenlandse ontwikkelingshulp heeft duidelijke kwetsbaarheden. Of het nu gaat om een overheid die een andere overheid wil steunen, een filantropische organisatie die een gift doet aan een goed doel, of een individu die geld naar familie wil sturen voor een medische spoedoperatie; geld komt alleen op zijn bestemming na tussenkomst van derden.

Zelfs in de meest basale situatie zijn er op zijn minst drie tussenpartijen: de bank van de afzender, een centrale bank, en de ontvangende bank. Vaak zijn het er meer en in het uiterste geval zelfs zeven. Iedere tussenpartij kan het proces vertragen, de transactie afkeuren, of zelfs het geld stelen. Voormalig Secretaris van de Verenigde Naties Ban Ki-moon verklaarde in 2012 dat corruptie ertoe heeft geleid dat in het voorafgaande jaar "slechts 70% van alle ontwikkelingshulp zijn einddoel heeft bereikt".

Volgens onderzoek van organisaties als GiveDirectly en de Wereldbank, is de overdracht van contant geld nog altijd de meest effectieve manier om hulp te verlenen. Bitcoin maakt het mogelijk om binnen enkele minuten en zonder toestemming geld over te maken naar ieder persoon op aarde. De ontvanger heeft hier geen bankrekening of officiële identiteit voor nodig. Slechts een internetverbinding is voldoende.

Een recente studie van Pew toonde aan dat 45% van de mensen in opkomende economieën een smartphone bezit en dat dit aantal naar verwachting zal blijven toenemen. Om een beeld te krijgen van de potentiële impact van Bitcoin, bedenk dan dat slechts 20% van de Filipijnse bevolking toegang heeft tot een bankrekening.

Bitcoin is vooralsnog enkel nuttig als ontwikkelingshulp als het ook daadwerkelijk uitgegeven kan worden voor goederen of diensten. Daarvoor moet het om te wisselen zijn voor de lokale valuta, of direct uit te geven zijn in de lokale economie. Volgens een gedetailleerd marktonderzoek van Matt Ahlborg, wordt het voor individuen in opkomende economieën van Oost-Azië tot West-Afrika, steeds eenvoudiger om bitcoin om te wisselen naar lokale valuta.

Daar komt nog eens bij dat als traditionele banken gesloten zijn, Bitcoin gewoon door blijft gaan. Aangezien de liquiditeit en toegang tot de wereldwijde infrastructuur blijft verbeteren, is Bitcoin steeds beter in staat om als laatste redmiddel te dienen voor mensen in nood.

Er bestaan al mesh-netwerken, satellietsystemen en technieken op basis van radiogolven die het mogelijk maken om zonder internetverbinding toch bitcoin te ontvangen en te verzenden. Technici werken aan innovaties om het voor overheden steeds lastiger te maken om te voorkomen dat haar burgers toegang hebben tot bitcoin, een valuta die zij niet onder controle hebben en waarvan het zonder medewerking vrijwel onmogelijk is om het in beslag te nemen.

De cashloze maatschappij

Een cashloze maatschappij wordt vaak gepresenteerd als praktisch en wenselijk. Echter, de ongekende macht die overheden en banken hiermee verkrijgen leidt vanuit het oogpunt van mensenrechten tot nieuwe gevaren.

Cash is nog altijd één van beste manieren om de privacy van een persoon te waarborgen. Als er met briefgeld wordt betaald zijn enkel de koper en verkoper van de transactie op de hoogte en is koopgedrag lastig te monitoren. Ook donaties aan goede doelen kunnen op deze manier, indien gewenst, anoniem blijven.

Helaas is cash bijna overal ter wereld aan het verdwijnen. In landen met hyperinflatie zoals Venezuela of Somaliland, is het briefpapier zo waardeloos dat het per kilo wordt afgewogen. Ondertussen wordt er door de inwoners van vooruitstrevende steden als Stockholm of Shanghai bijna uitsluitend nog digitaal betaald. Er zijn schattingen dat slechts 8% van alle wereldwijde transacties met munt- of briefgeld plaatsvindt. Tegen 2030 is de verwachting dat het aantal mensen dat nog daadwerkelijk cash gebruikt zo goed als nihil.

Zoals bleek in hoofdstuk 1; *Wat is er mis met het hedendaagse geld?*, is dit een beangstigend vooruitzicht voor demonstranten in plaatsen als Hongkong (waar ze voor het openbaar vervoer enkel nog vertrouwen op contante betaling of wegwerp-simkaarten om de privacy te beschermen en aan financiële surveillance te ontkomen). Zonder cash, of digitaal equivalent, wordt het bijna onmogelijk om een politieke demonstratie te coördineren zonder de eigen veiligheid in gevaar te brengen.

In Estland staat de overheid op het punt om het openbaar vervoer gratis te maken. Het klinkt fantastisch, maar er zit een addertje onder het gras: passagiers mogen alleen gebruik maken van de gratis ritjes op vertoon van hun ID-kaart, waardoor de overheid iedere beweging in de gaten kan houden. Hoewel een Est zich waarschijnlijk weinig zorgen hoeft te maken, hebben burgers van naburige autoritaire overheden als Rusland of Wit-Rusland gegronde redenen voor twijfel.

Ondertussen heeft de Chinese Communistische Partij volledige controle over systemen met meer dan een miljard gebruikers, zoals Alipay of WeChat. De autoriteiten houden niet alleen toezicht en controle over het geld, maar beïnvloeden daarnaast met het sociaal kredietsysteem zowel het gedrag als de mening van hun burgers. In sociale kredietsystemen zoals het systeem dat nu wordt ingevoerd in China, krijgen burgers niet alleen punten op basis van hun financiële gezondheid, maar ook voor hun politieke opinie, identiteit en sociale kring. De overheid stimuleert loyaal gedrag (aan de overheid) en straft onruststokers door te voorkomen dat ze naar het buitenland reizen, toegang hebben tot snel internet, hun kinderen naar goede scholen kunnen sturen, of lage rentes krijgen voor een lening. Deze sociale kredietsystemen staan nog in de kinderschoenen, maar zijn op weg om de Chinese overheid een ongekende hoeveelheid controle te geven. Dit maakt het tot het grootste sociale experiment in onze geschiedenis.

Vergelijkbare maar minder heftige trends zijn ook zichtbaar in Westerse landen, waar creditcardbedrijven en winkeliers de transactie-activiteit verkopen aan adverteerders.

Bitcoin versus Big Brother

Koopgedrag zegt meer over mensen dan de uitspraken die ze doen. Transacties geven veel prijs over wie we zijn en wat we doen, waar we gaan en wanneer, of wat we leuk of juist niet leuk vinden. Hoe uitgebreider uitgaven worden gemonitord, hoe groter de kans dat ons een Orwelliaanse toekomst staat te wachten.

In democratische samenlevingen wordt er gedebatteerd over de rol van grote corporaties zoals Facebook als uitgevers van hun eigen munt. Facebook wil Diem introduceren aan honderden miljoenen mensen via bestaande social media accounts op Whatsapp, Instagram en Messenger. Hoewel een project als Diem de kans biedt om een grote hoeveelheid mensen die nu nog buitengesloten zijn van het bankensysteem, financiële toegang te bieden, zijn velen bang dat Facebook de betalingsgeschiedenis van gebruikers zal opslaan, individuele keuzes zal beïnvloeden, of gebruikers het recht tot het platform of recht op betaling zal ontnemen op basis van een verkeerde politieke opvatting.

Om Big Brother een halt toe te roepen moet iedereen zijn steeds grotere digitale voetafdruk zien te verkleinen. Als er minder identiteitsgerelateerde informatie verspreid en gedeeld wordt tussen bedrijven en overheden, wordt het moeilijker om de burger te surveilleren, te manipuleren en te controleren.

Een cashloze maatschappij is een surveillancemaatschappij. Of het nu gaat om het overheidsgecontroleerde WeChat-model of het corporate Diem-model, bedrijven zijn in staat om alle economische activiteit te monitoren voor winst, onderdrukking of erger.

Wat als de toekomst anders zou kunnen zijn? Wat als contant geld in het digitale domein een optie is? Door ontwikkelaars wordt er veel werk verricht om de privacy van het Bitcoinnetwerk en zijn gebruikers te verhogen. In de nabije toekomst hoef je niet langer je identiteit kenbaar te maken voor een online aankoop, de aanschaf van bus- of treintickets, of voor een abonnement op een politiek dagblad of podcast.

Privébetalingen op het Lightningnetwerk

Consumenten verliezen hun financiële privacy in toenemende mate. Lightning, een betalingsnetwerk bovenop het Bitcoinnetwerk, zou weleens de oplossing kunnen zijn.

Het huidige betalingssysteem is gevaarlijk voor de privacy, omdat iedere financiële tussenpartij een potentieel veiligheidslek is. Bitcoin is in zoverre anders omdat het geen gebruik maakt van tussenpartijen en dus in principe deze kwetsbaarheid kan elimineren. De belangrijkste details van bitcointransacties worden opgenomen in de blockchain, die voor iedereen inzichtelijk is. Onderzoekers hebben onderzocht of er een manier is om specifieke transactiedetails te verbergen of vertroebelen en tóch te betalen met bitcoin. Het Lightningnetwerk bood uitkomst.

Het Lightningnetwerk voorkomt dat de details van iedere transactie op de Bitcoinblockchain geregistreerd worden. Overigens is het initiële doel van Lightning om de snelheid en het transactievolume van het Bitcoinnetwerk te vergroten. Privacy is een toevallige bijkomstigheid van het bereiken van dat doel.

Deze technische doorbraak lijkt veel op die van Bitcoin in die zin dat het open-source, toegankelijk en voor iedereen beschikbaar is. Ongeacht locatie, leeftijd, inkomen, gender of burgerschap.

Zelfs in een cashloze maatschappij zou het binnen de kortste keren mogelijk moeten zijn om (met een Lightning-app op je telefoon) anoniem treintickets te kopen om een demonstratie bij te wonen, of online politieke boeken te kopen. De NS of Amazon komt op die manier niets van de koper te weten en kan dus geen data verliezen of informatie delen met overheden.

Dat gezegd hebbende, Lightning is geen wondermiddel voor privacy. Anonimiseren van betalingsinformatie is slechts één stap richting volledige privacy, aangezien daarvoor privacygaten zoals backdoors op je mobiel, geolocatietracking en cameratoezicht ook moeten worden afgeschaft.

Nassim Taleb, auteur van het boek *Black Swan*, schreef hierover het volgende: "Bitcoin is een verzekeringsbewijs tegen een Orwelliaanse toekomst." Aangezien de mate van toezicht en het verdwijnen van cash wereldwijd blijft toenemen, lijkt die toekomst steeds dichterbij te komen.

Technologie verbetert niet altijd vrijheid. Integendeel, kunstmatige intelligentie en big data-analyse beroven individuen systematisch van hun vrijheden, met name in landen als China. Yuval Noah Harari, historicus en schrijver van het boek *Sapiens*, waarschuwde dat moderne informatietechnologie de voorkeur neigt te geven aan tirannie, maar technologie ook in het voordeel van vrijheid kan zijn als ze bewust voor dat doel wordt ontworpen en gebruikt. Bitcoin, versterkt door nieuwe ontwikkelingen als Lightning, zou weleens een belangrijk hulpmiddel kunnen zijn in de wereldwijde strijd voor mensenrechten.

Hoofdstuk 5

Twee alternatieve toekomstbeelden

Het eerste toekomstbeeld

Het is het jaar 2039. In de afgelopen 20 jaar is er over de hele wereld significant meer oorlog gevoerd. Landen vechten om de Amerikaanse dollar en de Chinese renminbi van hun dominante positie te stoten. Deze economische turbulentie zorgt soms voor gewelddadige conflicten. Rijke landen lijden onder de teloorgang van politieke en economische recessies. Arme landen bevinden zich op de rand van de afgrond door economische crises die gepaard gaan met de overdracht van vermogen en macht van burgers naar centrale overheden en almachtige bedrijven.

Dominante tech-bedrijven zoals Alibaba, Tencent, Facebook, Google en Amazon heersen op de wereldmarkt en na verschillende confrontaties met overheden, rechtszaken en onderhandelingen zijn zij tot het besluit gekomen om data van gebruikers over te dragen in ruil voor bescherming van hun marktgebied. Bedrijven delen verregaande gebruikersinformatie met overheden over de hele wereld met betrekking tot aankopen, online (luister)gedrag en locaties van gebruikers. Bedrijven zijn verlengstukken van de staat geworden en persoonlijke privacy bestaat niet meer.

Overheden beschikken over een ongekende mate van macht over hun burgers. De scheiding tussen arm en rijk wordt versterkt door vergroting van het Cantillon-effect en omdat connecties van het regime een steeds hogere mate van welvaart krijgen. Digitale surveillance is de norm terwijl kritiek op autoritaire overheden verdwijnt. De vrijheid van meningsuiting wordt ingeperkt doordat bedrijven en / of overheden ervoor zorgen dat critici niet betaald kunnen worden of geen platform krijgen.

Gedachten worden niet meer uitgedaagd en worden uniform. Politiestaten maken gebruik van het internet of things, medische data via implantaten, het tracken van mobiele telefoons, bank- en betalingsoverzichten en data van zoekmachines om overtreders op te sporen en te straffen. Het is vrijwel onmogelijk om je hiertegen te verzetten, doordat cash verboden is en alle aankopen nu digitaal gebeuren en gemonitord worden. De staat en multinationals zijn machtiger dan ooit.

Het andere toekomstbeeld

Het is het jaar 2039. De wereldwijde economie is levendig en staat in bloei. Meer mensen sparen, vergroten hun vermogen, kunnen een huis kopen en starten nieuwe bedrijven.

Ondernemers van wat ooit derdewereldlanden waren, zijn de drijvende kracht achter de innovatie in de wereldwijde economie. Het is gemakkelijker dan ooit om met je bedrijf van werkgebied te veranderen. Overheden strijden met elkaar voor burgers, omdat de burger nu makkelijker kiest waar hij wil leven, werken en belasting wil betalen. Inkomstenbelasting gaat omlaag terwijl de kwaliteit van infrastructuur, dienstverlening en scholen versterkt wordt als gevolg van internationale concurrentie tussen overheden.

Er is meer innovatie dan ooit doordat producten en ondernemingen gemakkelijker hun markt bereiken. Veel multinationals die eerst marktleider waren, zijn uitgeschakeld door een veelvoud aan kleinere bedrijven vanuit alle uithoeken van de wereld. Iedereen heeft toegang tot producten doordat betalingen privé en zonder beperkingen gedaan kunnen worden.

Veel autoritaire regimes hebben hun ondergang gevonden of zijn verzwakt doordat burgers meer bekwaam zijn geworden in het vermijden van draconische wetgeving en het behouden van vermogen voor henzelf in plaats van het af te staan aan de elite.

Overheden zijn gedwongen om hun beleid te wijzigen van controle over de burger naar concurrentie om de burger. Individuen zijn vrijer dan ooit te voren.

Een wereld gebaseerd op Bitcoin; hoe ziet dat eruit?

Het voorspellen van de toekomst is lastig. We gaven twee tegenstrijdige visies op de toekomst, gegeven de huidige realiteit. De kans dat een van beide extremen volledig bewaarheid wordt is klein, maar individuen hebben wel de macht in handen om te bepalen welke kant hun maatschappij op gaat.

Het monetaire systeem zit op het kantelpunt. Bitcoin biedt de kans om staat en geld te scheiden. Van daaruit rijst de vraag: hoe kan wereldwijde Bitcoinadoptie de samenleving veranderen?

De grenzeloze markt

Sinds de 20e eeuw wordt de markt vooral door de natiestaat gereguleerd en beheerst. De overgang naar digitaal geld heeft overheden de mogelijkheid gegeven de markt op ongekende wijze te reguleren door met alle gemak het geldaanbod te vergroten om nieuwe initiatieven te financieren.

Maar naarmate het digitale tijdperk vordert, begint de markt de natiestaat te overstijgen. Dit werd aan het begin van de 21e eeuw al duidelijk, toen consumenten producten begonnen te kopen die aan de andere kant van de wereld werden geproduceerd. Bedrijven huren freelancers in van de Filipijnen tot in Nigeria; van softwareontwikkelaars, virtuele assistenten tot radiologen. Handelspartners zijn mogelijk gescheiden door duizenden kilometers. Alle communicatie is digitaal, direct en naadloos. Maar grensoverschrijdende betalingen zijn nog altijd duur en langzaam. Het betalen van online goederen vertrouwt nog op traditionele kanalen en de afrekening in Amerikaanse dollars tussen financiële instellingen kost nog meerdere dagen. Het monetaire systeem is nog niet aangepast aan de wereld die steeds meer met zichzelf in verbinding staat.

Het ontstaan van Bitcoin is de vonk die zorgt voor de volgende golf in de financiële evolutie.

Digitale goederen zoals content op sociale media en videogame-items zullen een groter onderdeel worden van de wereldmarkt. Bitcoin zal steeds meer gebruikt worden als het betaalmiddel in internationale betalingen omdat fiatgeld omslachtig blijft. Bitcoins microtransacties, snelle afhandeling en het groeiende aantal gebruikers zal verkopers verleiden om prijzen in bitcoin weer te geven.

Hoewel deze markten vandaag de dag nog klein zijn, zullen ze naarmate ze groeien de economische controle van staten steeds verder beperken. Het zal dus steeds makkelijker worden om vermogen te verplaatsen en het daardoor te beschermen tegen de beperkingen die worden opgelegd door natiestaten.

Overheden gaan de prijs van oorlog betalen

Overheden kunnen, wanneer Bitcoin onvermijdelijk wordt, niet meer eenvoudig geld bijprinten om zaken als oorlog te financieren. Oorlogen zullen niet meer zo gemakkelijk gefinancierd worden als in de laatste honderd jaar is gebeurd. Als er een oorlog ontstaat zal hij daardoor ook korter en beperkter plaatsvinden.

Langdurige conflicten zoals de Russische interventie in Syrië en Oekraïne of de Amerikaanse bezetting van Irak en Afghanistan zullen tot het verleden gaan behoren, omdat het te moeilijk wordt om zulke operaties te financieren. Oorlog tussen natiestaten zal nog sterker dan nu vermeden worden, omdat overheden op zoek zullen moeten naar oplossingen die minder geld kosten.

Autoritaire systemen worden te duur

Autoritaire staten zullen de concurrentie op de wereldwijde markt verliezen van niet-autoritaire staten. Doordat individuen over de gehele wereld gemakkelijker hun persoonlijke eigendommen verplaatsen, zullen de meest productieve burgers van een land emigreren naar een andere jurisdictie als de omstandigheden van het eerste land negatief voor hen uitpakken. Om die productieve burgers te behouden zal de overheid de grensovergang streng moeten bewaken of dergelijke burgers juist een stem moeten geven over de manier waarop ze bestuurd worden.

Dictators zullen niet in stilte verdwijnen, maar zij zullen gedwongen worden tot een keuze: toekijken hoe de productieve burgers en daarmee een groot gedeelte van de welvaart vertrekt, of meer vrijheid toestaan. Dankzij internet, literatuur en film, bereikt informatie over de rest van de wereld nu zelfs de huiskamers van mensen in de meest tirannieke regimes zoals Eritrea en Noord-Korea. Dit fenomeen zal worden versneld door geld dat zich net zo eenvoudig en veilig laat verplaatsen als informatie.

De juiste prijs

Bitcoin biedt iedereen een middel voor waardeopslag, ongeacht status, etniciteit of waar die persoon zich op de wereld bevindt. In reactie op de inflatie van geld, bewaren de meeste mensen hun vermogen nu in vastgoed, aandelen en edelmetalen. Allen zijn meer gecentraliseerd en daardoor moeilijker om te bemachtigen dan bitcoin. In een wereld waar waardeopslag in Bitcoin de norm is, zullen speculatieve bubbels in vastgoed, edelmetalen of de aandelenmarkt niet frequent meer voorkomen.

Ter illustratie: er zullen minder gevallen van huizenbubbels ontstaan ten gevolge van inflatie, doordat minder buitenlandse partijen stedelijk gebied zullen opkopen zonder dat zij van plan zijn er ooit te wonen. Met bitcoin als superieur alternatief, wordt het investeren in vastgoed in andere landen minder interessant. De prijzen zullen daardoor minder exponentiële groei doormaken en meer mensen zullen een huis in hun eigen stad kunnen kopen.

Het ontstaan van een gedecentraliseerde financiële sector

De dominantie van Amerika, Europa en China zal verzwakken naarmate landen meer zaken kunnen regelen in bitcoin; als de reservevaluta in plaats van de Amerikaanse dollar, de euro of de Chinese renminbi. Arbeiders zullen vrij zijn om te verhuizen naar andere plekken op de wereld, waardoor er competitie ontstaat voor arbeiders en ze beter beloond worden voor hun productie.

De banken van de Verenigde Staten, Europa en China zullen een deel van hun invloed en macht verliezen, doordat elk individu zijn eigen bank kan zijn en daardoor daadwerkelijk kan sparen. Welvaart zal toenemen in landen die arbeid als exportproduct hanteren, terwijl hun thuismarkt gedijt en infrastructuur en dienstverlening verder ontwikkelen.

De macht van grote banken neemt af

Banken die zijn gegroeid door hun bijzondere relatie met overheden en het beheer van andermans geld, zullen bankroet gaan of kleiner worden. De uitspraak "too big to fail" (te groot, belangrijk om failliet te laten gaan), zal niet langer de norm zijn nu overheden niet meer de mogelijkheid hebben om bedrijven te redden zoals in de crisis van 2008 gebeurde.

Zonder deze bescherming zullen banken en multinationals zich moeten richten op dienstverlening ten gunste van hun klanten, in plaats van de focus op een goede relatie met de overheid. Kleinere bedrijven en banken zullen, dankzij het grensoverstijgende karakter van Bitcoin, wereldwijd klanten kunnen bedienen en daardoor de vastgeroeste reuzen naar het verleden verbannen.

Minder plaats voor surveillancekapitalisme

Vandaag de dag wordt informatie over digitale betalingen gebruikt door zowel bedrijven voor winst, als door de overheid om te controleren op illegale activiteiten. Sinds het internet zich ontwikkeld heeft als vrije handelsplaats, blijft de wetgeving achterlopen op het gebied van data en privacy. Als gevolg daarvan wordt persoonlijke data continu opnieuw verpakt, geanalyseerd en gebruikt zonder kennis of expliciete toestemming.

Sinds de opkomst van Lightningbetalingen als een tweede laag bovenop het Bitcoinnetwerk, zullen kleine dagelijkse betalingen kunnen plaatsvinden zonder dat deze te koppelen zijn aan iemands identiteit. Of dit nu gaat om een online aankoop, het abonneren op een politiek tijdschrift, het doen van een donatie aan een organisatie voor burgerrechten of het betalen van een medische behandeling, alleen de consument zal volledig op de hoogte zijn van alle details. De schakels in het betalingsverkeer kunnen geen data lekken met betrekking tot de aan- en verkoop van goederen of diensten doordat de transacties onderling (peer-to-peer) worden afgehandeld. Zonder informatie over de gebruiker, wordt het moeilijker voor surveillancesystemen om het gedrag van consumenten te volgen en hun verdere acties te voorspellen.

De opkomst van zelfsoevereiniteit

Bitcoin is een fenomeen met een potentiële invloed vergelijkbaar met die van democratie en het internet: technologieën die de tirannie van politieke macht en de controle van het bedrijfsleven over informatie ondermijnen. Via de weg van democratie houden burgers gezamenlijk de macht van de overheid en dictators onder controle en dankzij het internet heeft de gemiddelde burger een sterkere stem en meer toegang tot kennis.

Op dezelfde manier zal Bitcoin het monetaire monopolie dat door bedrijven en overheden wordt gespeeld versplinteren. Over een eeuw zullen mensen terugkijken naar 2019 en het zich herinneren als een gedateerd moment in de tijd waarin slechts enkele bevoorrechte personen de economie beheersten, net zoals we nu het systeem van leenheren of staatspropaganda gedateerd vinden. Deze evolutie zal plaatsvinden in drie verschillende fases terwijl bitcoin zich ontwikkelt tot de valuta van de wereld.

Fase 1: Middel voor waardeopslag

De eerste stap in de adoptie van Bitcoin is als middel voor waardeopslag. Dit is de fase waarin spaarders van over de hele wereld hun vermogen gaan beschermen tegen inflatie. Dit gebeurt vandaag de dag niet alleen in landen als Venezuela en Zimbabwe, maar ook in landen die niet onderhevig zijn aan hyperinflatie zoals in de Verenigde Staten en Europa, waar bitcoin al enkele jaren significant beter presteert dan de lokale valuta. Later in dit stadium zullen pensioenfondsen en grote financiële bedrijven bitcoin toevoegen aan hun portfolio's en pas daarna zullen overheden bitcoin gaan aanhouden voor hun staatskas.

Adoptie in deze fase zal langzaam en organisch verlopen, naarmate steeds meer mensen de voordelen inzien.

Fase 2: Betaalmiddel

Wanneer genoeg handelaren zich realiseren dat niet-bitcoin valuta inferieur zijn als middel voor waardeopslag, zullen zij betaald willen worden in bitcoin. Vergelijkbare effecten zie je al op zwarte markten in Venezuela, waar de handelaren bolivars weigeren en Amerikaanse dollars eisen als valuta. Als meer handelaren, ondernemers en werknemers de voorkeur gaan geven aan bitcoin, zal de vraag naar bitcoin toenemen op dezelfde manier dat de vraag naar Amerikaanse dollars omhoog schoot na invoering van het Bretton Woods-akkoord (zie ook hoofdstuk 2; *Wat is Bitcoin?*).

Dit zal in het begin niet plaatsvinden in geavanceerde economieën zoals de Verenigde Staten, maar juist in gebroken economieën met veel inflatie en corruptie. Bitcoin zal eerder opkomen in landen waar er sprake is van een regime dat valuta confisqueert. Mensen die op zulke plekken wonen zullen Bitcoin gebruiken om te voorkomen dat hun opgebouwde vermogen wordt afgepakt en om, indien noodzakelijk, te kunnen vluchten.

In deze fase zal goed-ontwikkelde software, technologie voor snelle afrekening, een goede infrastructuur en innovaties op het gebied van privacy belangrijk worden voor Bitcoin. Bitcoingebruikers zullen transacties direct en privé uitvoeren waardoor ze moeilijker te controleren zijn voor de heersers en handhavers.

Fase 3: Rekeneenheid

Doordat meer mensen bitcoin gaan gebruiken in plaats van hun lokale valuta, zullen goederen en diensten in bitcoin geprijsd worden. Op dit punt zullen lucratieve arbitragekansen zich aandienen, zoals het aangaan van leningen in de lokale valuta om bitcoin aan te kopen. Dit doordat de lokale valuta onderhevig is aan geldontwaarding waardoor zulke leningen later gemakkelijk afbetaald kunnen worden met de aangekochte hoeveelheid bitcoin.

Dit zal het begin zijn van hyperbitcoinisatie, waar de Amerikaanse dollar en de Chinese renminbi hun bevoorrechte positie verliezen en bitcoin zich zal ontwikkelen tot de wereldwijde valuta voor definitieve afwikkeling. Dit zal tot hyperinflatie leiden voor de meeste andere valuta. Bitcoin zal de meest wenselijke manier zijn om waarde op te slaan en de daardoor ontstane opwaartse spiraal zal ervoor zorgen dat steeds meer andere valuta hun waarde zullen verliezen.

Het is nog vroeg

De meeste wereldveranderende technologieën werden in eerste instantie afgewezen door het volk; elektriciteit werd gezien als gevaarlijk, niemand wilde telefoons kopen, auto's zouden niet werken op kinderkopjes, vliegtuigen zouden nooit veilig kunnen zijn, eten zou al zijn voedingswaarde verliezen in de magnetron, van mobiele telefoons zou je kanker krijgen en internet was gedoemd om te mislukken. In 1998 schreef columnist Paul Krugman het volgende:

> In 2005 zal blijken dat de impact van het internet op de economie, niet groter is dan die van de faxmachine.
>
> — Paul Krugman, New York Times

Elke fundamentele technologie, van de koelkast tot de creditcard, volgt een adoptiecurve waarbij er in het begin veel sprake is van scepsis. Uiteindelijk ontstaat er exponentiële groei waardoor er een S-patroon ontstaat en de technologie wordt geadopteerd.

Het is moeilijk om je een eerlijker, democratischer idee voor te stellen dan het feit dat iedereen — ongeacht afkomst, geslacht, locatie, taal, leeftijd, scholingsniveau, of rijkdom — deel kan nemen aan Bitcoin; een exponentiële technologie die zich nog onderaan de adoptie-curve bevindt.

Bitcoin bevindt zich momenteel nog ver van waar het moet zijn wat betreft gebruiksgemak, capaciteit, publieke bekendheid en commerciële belangen. Er zijn nog onvoldoende bedrijven bezig met Bitcoin; te weinig studenten richten hun focus erop, te weinig onderwijzers geven er les over, te weinig handelaren accepteren het, te weinig filantropische organisaties ondersteunen de ontwikkeling en te weinig politieke leiders nemen het vermogen om financiële privacy te bereiken serieus. Meer

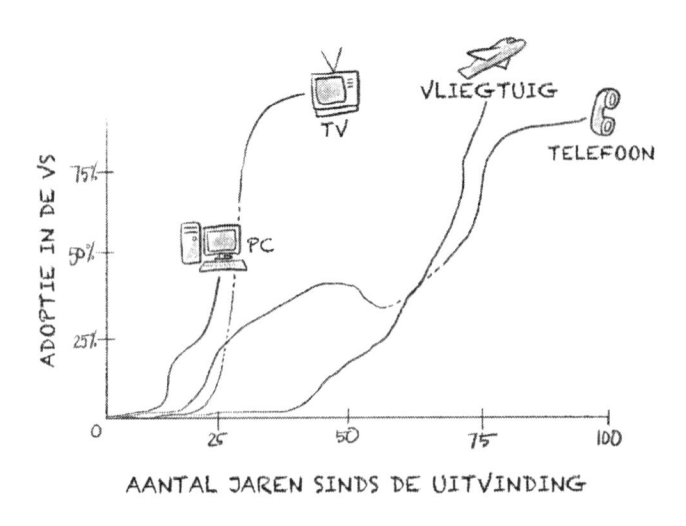

Grafiek: Adoptie in de VS (%) versus Aantal jaren sinds de uitvinding, met curves voor PC, TV, Vliegtuig en Telefoon.

interesse, betrokkenheid en kritisch denken is nodig op dit gebied.

Minder dan 1% van de wereldbevolking is ooit eigenaar geweest van bitcoin. Als de juiste tijd en middelen worden geïnvesteerd in het ontwikkelen van gebruiksvriendelijke wallets, handelsplatformen en educatiemateriaal, heeft Bitcoin de potentie om een werkelijk verschil te maken voor miljarden mensen over de hele wereld. Bitcoin geeft iedereen de mogelijkheid om meer financiële vrijheid te krijgen, maar waarschijnlijk zal het eerst daar helpen waar het het meest nodig is.

Mensen in Nigeria, Turkije, de Filipijnen, Iran, China, Rusland en Palestina hebben niet dezelfde vrijheden, mensenrechten en vertrouwen in hun financiële systeem als mensen in het westen. Voor hen is Bitcoin een mogelijkheid om te ontsnappen.

Niet meewerken met het regime en stilzwijgend vertrekken is de nieuwe manier om te protesteren. Om verandering teweeg te brengen hoeft een individu niet langer met duizenden gelijkgestemden voor een dag of een week aan een stuk de straat op. Diezelfde mensen kunnen hun vermogen verplaatsen, net zo gemakkelijk als ze een e-mail kunnen versturen. Protesten kunnen nu op individueel niveau plaatsvinden. Eerst zal adoptie druppelsgewijs plaatsvinden, daarna wordt het een stroompje en uiteindelijk een stortvloed.

De toekomst is in jouw handen

Bitcoin is een uitvinding die een alternatief biedt voor vele problemen van het huidige monetaire en economische systeem. Ongelijkwaardigheid, monopolistische multinationals en autoritaire bedrijven en overheden worden — voor een deel — gefinancierd door de overheidscontrole op geld. Terwijl de wereld leert over Bitcoin en hoe het zelfsoevereiniteit mogelijk maakt, zal de macht over de gehele wereld nieuwe, meer gedecentraliseerde vormen aannemen. In plaats van zich te gedragen als autoritaire regime, zullen overheden gedwongen worden om de waardigheid en talenten van mensen te respecteren en in plaats van multinationals, zullen kleinere bedrijven oprijzen die zich ten dienste stellen van hun klanten. Hoewel gelijkheid van uitkomsten niet mogelijk is, zal Bitcoin het mogelijk maken voor iedereen om vermogen te vergaren en het te behouden.

Wat kan er eerlijker zijn dan het idee dat alles wat je nodig hebt om mee te doen in de volgende financiële revolutie, toegang is tot een goedkope smartphone en het internet? Je hebt geen bank, geen wetgeving en geen toestemming nodig om onderdeel te zijn van deze toekomst.

Door de controle over ons vermogen weer in eigen handen te nemen, kan iedereen vrijer zijn om hun eigen lot te bepalen.

Bitcoin maakt menselijke vrijheid mogelijk op een manier die nooit voor mogelijk werd gehouden aan het begin van de 21e eeuw.

Geef dit boek door en help om deze kennis te verspreiden.

Hoofdstuk 6

Vragen en antwoorden

In de laatste jaren hebben nieuwkomers en sceptici veel vragen gesteld over Bitcoin. In dit gedeelte worden antwoorden gegeven op de belangrijkste en meest gestelde vragen. Er worden onjuiste verhalen, uitdagingen, nadelen en zaken die voor verwarring zorgen behandeld. Het doel van deze sectie is om voldoende fundamentele informatie te verstrekken zodat een nieuwsgierige geest een goede start krijgt zonder overweldigd te worden.

Wie is Satoshi Nakamoto?

Satoshi Nakamoto is de anonieme bedenker en eerste ontwikkelaar van Bitcoin. In de eerste twee jaar in het bestaan van Bitcoin, was Satoshi Nakamoto een actief lid van de gemeenschap. Satoshi deelde met regelmaat zijn gedachtes over de technologie en de sociale impact, terwijl hij ook nog bijdroeg aan de ontwikkeling van de software. Eind 2010 is Satoshi verdwenen. Hij heeft sindsdien geen berichten meer geplaatst. Satoshi heeft waarschijnlijk miljarden aan bitcoin in bezit. Op de blockchain kan je zien dat deze bitcoin tot op vandaag de dag niet uitgegeven zijn. Dit suggereert dat Satoshi definitief verdwenen is. Zijn identiteit is tot op heden nog niet ontdekt. Het is onbekend of het een man, vrouw of mogelijk zelfs een groep personen is. De identiteit van Satoshi is een van de grootste mysteries van de 21e eeuw.

Wie beheert en controleert Bitcoin?

Er is geen centrale autoriteit die Bitcoin beheert. Er is geen directeur, geen bestuur en er zit geen bedrijf achter. Een van de belangrijkste eigenschappen van Bitcoin is dat de bedenker niet meer betrokken is. Er zijn duizenden computers die het netwerk verifiëren en die de geschiedenis van de transacties bijhouden. Deze computers noem je *nodes*.

Zoals besproken is in hoofdstuk 2; *Wat is Bitcoin?*, creëren miners van over de hele wereld blokken. Die blokken worden geverifieerd door de nodes. De software die gebruikt wordt voor de nodes, wordt geschreven door Bitcoinontwikkelaars. De transacties binnen die blokken komen van gebruikers van handelsplatformen, wallets of andere applicaties die betalingen afhandelen. Al deze onderdelen zijn van belang voor het functioneren van Bitcoin, maar geen van deze onderdelen *beheerst* Bitcoin.

Als software wordt ontwikkeld die radicaal afwijkt van de norm, zullen weinig node-eigenaren deze software gaan gebruiken. Als een miner in een nieuw blok transacties toevoegt die niet aan de eisen van het protocol voldoen, zal het blok niet geaccepteerd worden door de nodes. Als miners samenwerken om een wijziging in het protocol door te voeren, zal dit falen omdat gebruikers niet gedwongen kunnen worden om gebruik te maken van software waar zij niet achter staan. Dus, Bitcoin draait enkel op basis van consensus. In zekere zin is het Bitcoinmodel vergelijkbaar met het stelsel van machtsevenwicht binnen een goed functionerende democratie. De miners zijn de uitvoerende tak, ontwikkelaars de tak die nieuwe wetgeving maken en gebruikers (inclusief hun nodes) zijn de partij die de andere twee takken controleert en daardoor corruptie en misbruik voorkomen.

Is bitcoin te volatiel?

De koers van bitcoin is sinds het ontstaan in 2009 enorm volatiel geweest; de koers heeft flink geschommeld. Maar als je kijkt over een langere termijn, is bitcoin enorm toegenomen in waarde. Van minder dan $0.001 bij het ontstaan naar meer dan $58.000 op het moment van schrijven. Zoals beschreven in hoofdstuk 3; *Bitcoins schommelende prijs*, zijn meerdere factoren verantwoordelijk voor een toename van de waarde over de langere termijn en zal dit zich waarschijnlijk continueren. Satoshi Nakamoto heeft bij de geboorte van Bitcoin het monetaire beleid vastgesteld. Geen enkel individu, noch een groep, kan besluiten om meer bitcoin te minen of om af te wijken van het uitgifteschema, omdat nodes zo'n wijziging zullen afwijzen.

Dit heeft tot gevolg dat bitcoin gevoeliger is voor marktmanipulatie omdat er geen corrigerend mechanisme van een centrale bank achter schuilt. Een centrale bank kan de volatiliteit sturen door meer valuta te printen of terug te kopen waardoor er een meer stabiele prijs kan worden behouden. Omdat de vraag naar bitcoin nog grillig is, en omdat Bitcoin geen corrigerende mechanismen heeft, zal de koers voorlopig nog volatiel blijven.

De economische realiteit is dat valuta moeten kiezen tussen stabiliteit op korte termijn door middel van centralisatie of de mogelijkheid om op lange termijn een passende waardering te vinden via decentralisatie. Satoshi Nakamoto koos voor het laatste.

Het is hierbij belangrijk om op te merken dat de volatiliteit van bitcoin het niet heeft weerhouden om van enorme waarde te zijn als financieel middel voor mensen die in een disfunctionerend financieel systeem zitten. Bitcoin kan gebruikt worden om te ontkomen aan sancties, hyperinflatie, overheidscontrole en toezicht. Voor nu is de dagelijkse volatiliteit een prijs die eigenaren bereid zijn te betalen.

Hoe wordt de waarde van Bitcoin gedekt?

Het korte antwoord is dat de waarde van bitcoin gedekt wordt door mensen. Genoeg investeerders kopen het, dus heeft het waarde. Hoofdstuk 3; *Bitcoins schommelende prijs*, licht verder toe wat ervoor zorgt dat bitcoin een opgaande koers heeft. Er is een wereldwijde vraag naar bitcoin als een schaars goed met gebruiksmogelijkheden en omdat het als techniek dingen mogelijk maakt die andere financiële goederen niet kunnen evenaren.

Kan je Bitcoin vertrouwen?

Overal om ons heen zijn complexe systemen of apparaten die we niet volledig begrijpen en toch vertrouwen. Zorg wordt gegeven aan personen die geen dokter zijn, weerberichten worden uitgebracht voor mensen die geen meteoroloog zijn, laptops worden gebruikt door mensen die geen technisch ingenieur zijn en reizigers hoeven niks over aerodynamica te weten om met een vliegtuig mee te kunnen reizen.

De norm voor het vertrouwen in nieuwe geldsystemen zou strikter moeten zijn, omdat er vaak misbruik wordt gemaakt van dat vertrouwen. In dit boek heb je hier in veelvoud over kunnen lezen. Uiteindelijk zal expertise niet nodig zijn om Bitcoin te gebruiken en erop te vertrouwen. Het ontvangen en versturen van bitcoin zal in de nabije toekomst net zo gemakkelijk worden als het versturen en ontvangen van e-mails. Tot die tijd moeten geïnteresseerden zelf onderzoeken hoe ze bitcoin op een veilige manier kunnen gebruiken. Goede bronnen van informatie zijn te vinden in dit boek onder *Additionele bronnen*. Daar vind je onder andere informatie over de Bitcoin Core-broncode en tips voor andere boeken, websites en podcasts.

Hoe betrouwbaar is Bitcoin?

Als Bitcoin op de juiste wijze gebruikt wordt, is het vele malen veiliger, robuuster en meer privé dan centrale betalingsverwerking. Mastercard en Visa, maar ook pintransacties hebben regelmatig last van storingen. Bitcoin is sinds het ontstaan in januari 2009 voor 99.98% van de tijd operationeel geweest. Creditcardmaatschappijen worden regelmatig gehackt en verkopen gegevens van hun klanten. Bitcoin kan zulke informatie niet verkopen omdat het niet beheerd wordt door een centrale partij. Daarnaast is Bitcoin niet meer gehackt sinds 2010, toen een bitcoin een waarde had van $0.10. Op netwerk-niveau is nog nooit iemand bestolen van zijn bitcoins.

Waarom zijn er zoveel Bitcoinhandelsplatformen gehackt?

Handelsplatformen voor cryptovaluta zijn erg populair. Zowel als plek voor investeerders om bitcoin voor het eerst te kopen als voor speculanten die actief bitcoin verhandelen voor andere valuta (crypto of fiatgeld). Als gevolg hiervan beschikken deze handelsplatformen over grote hoeveelheden van verschillende valuta. Daarnaast beschikken zij over kopieën van identiteitspapieren en persoonlijke data van hun klanten. Deze optelsom van valuta en waardevolle data maakt de handelsplatformen een geliefd doelwit voor hackers en dieven.

Aanvallen komen van zowel externe als interne partijen. Bij interne aanvallen gaat het vaak om medewerkers die toegang hebben gekregen tot het systeem waarmee zij het vermogen van klanten kunnen stelen. Externe aanvallen worden uitgevoerd door hackers die de kwetsbaarheden in de software, kwetsbaarheden in de beveiliging of via sociale technieken bitcoins proberen te stelen.

Veel handelsplatformen zijn zowel intern als extern gehackt. Een aantal voorbeelden zijn: Mt. Gox in Japan, Bitfinex in Hong Kong, Bitstamp in de EU en meer recent Quadriga in Canada. Elke hack resulteerde in miljoenen dollars aan waarde in bitcoin, die klanten verloren. Deze hacks zijn duidelijke waarschuwingen voor gebruikers en eigenaren die hun bitcoin door anderen laten bewaren. Klanten die handelen op de platformen doen er goed aan om periodiek hun tegoed over te zetten naar eigen beheerde wallets, om schade door hacks te voorkomen.

Gebruiken criminelen Bitcoin voor het witwassen van geld?

Ja. Criminelen hebben Bitcoin gebruikt voor het witwassen van geld en om criminele activiteiten te financieren. Dat zullen ze ook blijven doen. Het meest kenmerkende voorbeeld is Silk Road, een marktplaats op het darknet waar bitcoins werden gebruikt om in illegale drugs te handelen.

Omdat Bitcoin geen toestemming vereist voor de technologie, kan iedereen het gebruiken. Net zoals een telefoon of het internet. Maar in het geval van internet en telefonie worden tegenwoordig nog maar weinig vragen gesteld over het gebruik door criminelen. Dit ondanks dat mensen zich vaak in eerste instantie afwijzend uitten richting zulke technieken als ze net opkomen.

Hoedanook worden verreweg de meeste financiële criminele activiteiten gepleegd door gebruikers van het bestaande financiële systeem via gereguleerde banken en financiële dienstverlening (zoals Western Union). De meeste fraude wordt gepleegd door overheden en multinationals, niet door individuen. Democratische overheden hebben anti-witwaswetgeving aangenomen om druk uit te oefenen op banken om bepaalde transacties te voorkomen, terwijl er jaarlijks nog steeds meer dan $1000 miljard via het reguliere bankensysteem wordt witgewassen.

Als voorbeeld: een kantoor van de Danske Bank in Denemarken heeft een overweldigende $230 miljard witgewassen. Dat is meer dan de totale waarde van alle bitcoins toen dit boek geschreven werd (augustus 2019). Dus ondanks dat criminelen Bitcoin gebruiken, verkiezen criminelen het reguliere systeem van fiatgeld.

Is Bitcoin een piramidespel?

Een piramidespel is een vorm van fraude waarbij investeerders de belofte wordt gemaakt dat zij met weinig risico toch een enorme winst zullen behalen. Dit kan doordat de vroege investeerders worden betaald met inleg van latere investeerders. Er is geen mechanisme dat winst maakt behalve dat de winstuitkering voor vroege investeerders vergroot kan worden naar gelang meer nieuwe investeerders zich inkopen. Deze piramidespellen storten in op het moment dat er zich geen nieuwe investeerders meer aansluiten.

Bitcoin is geen piramidespel. Er zit niemand achter

Bitcoin die probeert om nieuwe kopers te werven zodat eerdere kopers uitbetaald kunnen worden. Mensen die piramidespellen leiden, kunnen wel bitcoin accepteren van hun investeerders zoals zij dat kunnen doen met alle andere varianten van geld.

Is Bitcoin een bubbel?

Een bubbel ontstaat als speculatieve investeerders massaal een specifiek financieel goed aankopen op een prijs die ver voorbij de fundamentele waarde ligt. Bubbels knappen zodra het vertrouwen in het goed is verloren en nieuwe investeerders de vraagprijs niet meer willen betalen. Historische voorbeelden zijn de tulpenmanie van 1637, de South Sea Company rond 1700 en de Dotcom-aandelen aan het begin van de 21e eeuw.

In hoofdstuk 3; *Bitcoins schommelende prijs*, worden verschillende factoren van de volatiliteit beschreven. Er zijn meerdere pieken geweest in de koers van bitcoin. Deze kunnen ontstaan door een veelvoud aan mogelijkheden. Het is een passende, natuurlijke volatiliteit die hoort bij een valuta met een rigide monetair beleid. Ook ontstaan er koersschommelingen nadat er grote veranderingen zijn in de hoeveelheid bitcoin die voor verkoop beschikbaar is. De instabiliteit en ineenstorting van andere cryptovaluta, marktmanipulatie en/of de –leveraged– vormen van speculatieve handel hebben ook zo hun effect. De volatiliteit is een trend die zich op korte termijn vermoedelijk gaat voortzetten.

Als je kijkt naar de waarde op lange termijn, is te verwachten dat de waarde toeneemt naarmate steeds meer mensen Bitcoin gaan gebruiken. In tegenstelling tot tulpen of Dotcom-aandelen, is bitcoin telkens zijn koersdalingen te boven gekomen.

Wat is Tether en hoe heeft het effect op Bitcoin?

Tether (USDT) is een cryptovaluta die gekoppeld is aan de Amerikaanse dollar. Om dit te bereiken heeft het bedrijf achter Tether voor elke Tether in circulatie een dollar op hun bankrekening. Dit maakt het makkelijker om te speculeren op cryptovaluta, omdat de meeste mensen denken in fiatgeld. Door gebruik te maken van Tether, kunnen mensen op crypto-naar-crypto ruilplatformen, handelen met Amerikaanse dollars.

In april van 2019 heeft het bedrijf achter Tether desondanks bekend gemaakt dat de voorraad dollars op de bankrekening, slechts 74% van de Tethers in omloop dekt. Als het vertrouwen in de waarde van Tether afneemt en dit een prijsval veroorzaakt ten opzichte van de Amerikaanse dollar, dan zal dit ook kortstondig effect hebben op de prijs van bitcoin. Echter zijn er voldoende concurrenten van Tether die de functie kunnen overnemen.

Kunnen overheden Bitcoin verbieden of stoppen?

Omdat er geen bedrijf achter Bitcoin zit, geen centrale partij is dat de servers beheert en er niet één enkel team is die Bitcoin ontwikkelt, is er in de praktijk geen manier om het Bitcoinnetwerk te stoppen.

Bitcoin maakt gebruik van opensourcesoftware, wat betekent dat de broncode voor iedereen toegankelijk is via het internet. Die software corrumperen of veranderen is extreem moeilijk omdat mensen mee (kunnen) kijken. Iedereen kan de Bitcoinsoftware downloaden, kopiëren en gebruiken en daarmee de blockchain en blokken verifiëren. Dit noem je: het draaien van een node. Hoe meer nodes er zijn op het netwerk, hoe schokbestendiger Bitcoin wordt.

Overheden kunnen het moeilijker maken om Bitcoin te gebruiken, maar dan wordt het een kat-en-muis-spel.

Vergelijk het met het wisselen van fiatgeld voor bitcoin in een land als China. Zoals in hoofdstuk 1; *Wat is er mis met het hedendaagse geld?* is benoemd, kunnen Chinese burgers jaarlijks maximaal $50 000 van hun renminbi omzetten in andere valuta. Ondanks dit gegeven, gebruiken velen bitcoin om geld naar het buitenland te verzenden.

Zelfs een grote, rijke politiestaat kan niet voorkomen dat de bevolking Bitcoin gebruikt omdat het netwerk geen specifiek punt van falen heeft. Hierdoor kunnen overheden het netwerk niet stoppen.

Bitcoin lijkt hierin op het internet. Een overheid kan bepaalde delen van het internet blokkeren (zoals bv. in China), maar burgers zullen gebruik maken van diensten zoals VPN's om deze restricties te omzeilen. Om de toegang tot Bitcoin te blokkeren zal een overheid het internet in zijn volledigheid moeten blokkeren. Dat is een prijs die maar weinig overheden, buiten Noord-Korea, bereid zijn om te betalen.

Autoritaire overheden kunnen het bezit van bitcoin verbieden, maar dit handhaven wordt extreem moeilijk. Door de digitale aard van Bitcoin, is het relatief gemakkelijk om je bitcoin te verbergen. Je kan bitcoin bewaren op je telefoon, een USB-apparaat of zelfs in je geheugen waardoor het erg lastig is om te onderzoeken en bewijzen dat iemand bitcoin heeft. Dit in tegenstelling tot goud, vastgoed, aandelen en fiatgeld op bankrekeningen, die relatief makkelijk te ontdekken en in beslag te nemen zijn door overheden.

Is Bitcoin legaal?

In het merendeel van de gevallen: ja. In februari 2021 is het legaal om bitcoin te bezitten, met uitzondering van landen als Algerije, Egypte, Marokko, Nigeria, Bolivia, Nepal,

Namibië, Irak, Pakistan, Vietnam en de Arabische Emiraten. Bitcoin is ver gekomen, gezien vanuit regulering; in de laatste tien jaar is bitcoin veranderd van geld dat gezien wordt als valuta voor online criminelen tot geld dat erkend wordt als valuta door het Internationaal Monetair Fonds, Wall Street en leden van het congres van de Verenigde staten.

In China heeft de overheid handelsplatformen en het creëren van nieuwe crypto aan banden gelegd, maar bitcoin wordt erkend als legaal digitaal eigendom. In Iran is bitcoin erkend als officieel ruilmiddel en wordt het gebruikt door de overheid.

Op het Afrikaanse continent nemen de overheden van de meeste landen geen officieel standpunt in wat betreft bitcoin. In bijvoorbeeld Kenia, worden burgers gewaarschuwd voor het gebruik maar is er geen sprake van wetgeving. Zuid-Afrika is momenteel het enige Afrikaanse land waar bitcoin officieel geaccepteerd en gereguleerd wordt.

In Canada, de Verenigde Staten en de Europese Unie is het bezit en gebruik van bitcoin legaal. Sinds de invoering van de AMLD5 (2020) zijn er binnen de EU afspraken gemaakt over het voorkomen van witwassen. Binnen Nederland heeft dit geleid tot een aanpassing van de Wwft (Wet ter voorkoming van witwassen en financiering van terrorisme) waardoor een registratieplicht geldt voor bedrijven die zich bevinden in de cryptovaluta-sector.

Een aantal landen (Japan, Malta, de Filipijnen en Thailand) hebben kaders gesteld voor bedrijven die crypto-handelsplatformen runnen.

Het innen van belasting is gecompliceerd en sterk afhankelijk van de classificatie die een overheid toebedeelt aan bitcoin. Als een belastingdienst bitcoin ziet als eigendom, kan de burger belast worden op basis van de aanschaf, de verkoopwaarde, de toename of afname in waarde, net zoals overheden hierin besluiten moeten nemen zoals nu voor vastgoed.

In de toekomst is het mogelijk dat overheden zich samen zullen inzetten om Bitcoin te verbieden. De kans dat ze hierin tot een overeenstemming komen is klein. Als een of meerdere landen Bitcoin zullen verbieden, is de kans namelijk groot dat de bitcoinminers, entrepreneurs en handelaren zich gaan verplaatsen naar landen waar Bitcoin op dat moment nog legaal is. De migratie die zal plaatsvinden, treft vooral het wegtrekken van vermogende en talentvolle individuen naar Bitcoinvriendelijke jurisdicties. Dit zorgt ervoor dat het voor overheden onwenselijk is om dergelijke verboden of verregaande regulering door te voeren.

Is het minen van bitcoin een verspilling van energie of slecht voor de natuur?

Het verbruik van het totale Bitcoinnetwerk was sinds juni 2019, 73 TWh per jaar. Dit is iets meer dan het verbruik van Oostenrijk (69 TWh per jaar) maar een stuk minder dan de twee grootverbruikers China en de Verenigde staten (respectievelijk 6.100 en 3.900 TWh per jaar).

Critici wijzen er al snel op dat dit een enorme hoeveelheid energie is. Hoewel dit technisch gezien klopt, geeft dit geen antwoord op de vraag of Bitcoin slecht is voor de natuur en slechts een verspilling van energie. De overwegend duurzame energiebronnen die bitcoinminers gebruiken en de huidige waarde van het bitcoinnetwerk geven een veel positiever beeld.

Het voorkomen van energieverspilling door het minen van bitcoin

Energie-overschotten zijn vaak de primaire bron van energie voor bitcoinminers. Omdat het minen niet locatiegebonden is en het een industrie is waar relatief weinig winst op wordt behaald, verplaatsen de bedrijven hun apparatuur naar de plek met de zo laag mogelijke energiekosten. Dit zijn vaak plekken waar er teveel energie wordt geproduceerd, bijvoorbeeld op plekken die afgelegen of moeilijk toegankelijk zijn. Denk hierbij bijvoorbeeld aan de energiecentrales bij stuwdammen.

Er zijn veel miners in China, waar energiecentrales continu te maken hebben met een gezamenlijke overproductie van 200 terawattuur. Het is niet mogelijk om een dergelijke hoeveelheid energie op te slaan (de grootst mogelijke opslag in de wereld kan 0.5% van deze hoeveelheid aan) en het transporteren over het netwerk naar verder gelegen gebied is niet mogelijk. Daardoor dreigt deze energie ongebruikt te blijven, maar in plaats van deze energie te verspillen, maken deze centrales gebruik van bitcoinminingapparatuur waardoor ze met de energie nieuwe bitcoins kunnen minen. Dit is mogelijk voor elke plek ter wereld waar teveel energie wordt opgewerkt om direct te gebruiken.

Het minen van bitcoin stimuleert de ontwikkeling van duurzame energie

Het merendeel van het minen wordt vandaag de dag gedaan met behulp van duurzame energie waardoor er minimale gevolgen zijn voor het milieu. De laatste schattingen zijn dat 75% van alle energie die voor het minen wordt gebruikt, wordt gedaan met behulp van zonne-, wind-, water- of geothermische energie en daarvan komt ongeveer 50% van stuwdammen uit één bepaalde regio in China.

Elektriciteitscentrales op stuwdammen hebben vaak een overproductie aan energie. Door de apparatuur om te minen naast de stuwdam te plaatsen, worden de kosten en het energieverlies tijdens transport van de energie, beperkt. Door de winst uit bitcoin, kan de energiecentrale meer investeren in de productie en het onderzoek naar energie uit waterkracht, waardoor deze efficiënter wordt gemaakt.

Bitcoin stimuleert hiermee de ontwikkeling van meer optimale energieopwekking. Ditzelfde gebeurt op plaatsen met zonne-, wind- en geothermische energieproductie.

Het minen van bitcoin zorgt voor veilig, toegankelijk geld

De miners geven het Bitcoinnetwerk veiligheid. Zoals besproken in hoofdstuk 2; *Wat is Bitcoin?*, is het duur om te frauderen doordat het extreem veel energie kost om geldige blokken te produceren. Des te meer miners er zijn, des te moeilijker het is om het netwerk aan te vallen. De energie die wordt gebruikt om de blockchain veilig te houden, kan vergeleken worden met de kosten om een kluis te beveiligen waar voor $650 miljard aan waarde in ligt.

Bitcoin is een van de vele mogelijkheden voor mensen in eerstewereldlanden, maar in andere delen van de wereld is het een van de weinige opties die mensen tot hun beschikking hebben. Als je stelt dat het minen energieverspilling is, zie je dat over het hoofd. Een deel van de energie wordt gebruikt om transacties te doen voor mensen die geen bankrekening of identiteitsbewijs hebben, of waarvan hun financiële activiteit onder strenge controle van de overheid staat. Banken en creditcardmaatschappijen zijn meer toegankelijk en bruikbaar in landen als de Verenigde Staten, maar zij doen niets voor de migrant die in Dubai werkt of voor de Iraniër die onder de sancties leeft van de Verenigde Naties.

Energiegebruik en technische innovatie

Bitcoin is een grote technologische innovatie, die veel nieuwe dingen mogelijk maakt die het huidige financiële systeem niet kan. Nieuwe technologie verbruikt altijd meer energie dan de voorgaande systemen die het vervangt. Vergelijk de overgang van paard naar auto, van handwas naar wasmachine, van koelbox naar koelkast en van olielampen naar elektrische lampen. De kosten aan elektriciteit voor de technologische innovatie verdwijnen in het niets ten opzichte van de toegenomen kwaliteit van leven die ermee gepaard gaat. Terwijl de welvaart zich verder ontwikkelt, zal ook het verbruik per individu groeien. Innovatie brengt de maatschappij verder en bij iedere innovatie worden keuzes gemaakt. Bitcoin maakt gebruik van een grote hoeveelheid energie, in ruil voor een eerlijk, gemakkelijk en veilig monetair systeem. Bitcoin gebruikt veel energie, maar drijft ook innovatie naar duurzame energie. Bitcoin biedt een ongelooflijke waarde, met name voor de armen en onderdrukten, en het vervangt een gefaald ouder systeem dat overigens nog meer energie verbruikt.

Wat als iemand met een super- of kwantumcomputer het Bitcoinnetwerk hackt?

In theorie kan het Bitcoinnetwerk aangevallen worden door een supercomputer. In de praktijk is dat erg moeilijk om voor elkaar te krijgen.

Met de huidige hardware moet een aanvaller beschikken over een miningfaciliteit ter waarde van meer dan $1 miljard dollar. Hij moet daarvoor de financiën, middelen en het onderhoud kunnen regelen. Dan heeft hij nog energie nodig met een hoeveelheid gelijk aan acht keer de Hooverdam. Als de aanvaller dezelfde middelen zou gebruiken om bitcoin te minen, zou het een extreem waardevolle onderneming zijn. Daarom is zo'n aanval economisch onredelijk.

Op het moment van schrijven zijn de volgende zaken bekend over kwantumcomputers:

1. kwantumcomputers zijn extreem traag in vergelijking met conventionele computers

2. kwantumcomputers zijn extreem duur om te bouwen en blijven voorlopig onrendabel

3. de meestbekende kwantumalgoritmes zijn een significante sprong voorwaarts, maar nog steeds zouden vele miljarden computers voor miljarden jaren moeten draaien om de cryptografie van Bitcoin te kraken

Zelfs als wetenschappers nieuwe kwantumalgoritmen ontdekken die moderne cryptografie kunnen kraken, dan zal nieuwe cryptografie zijn weg vinden naar Bitcoin.

In andere woorden: Bitcoins community van gebruikers en softwareontwikkelaars zullen kwantumaanvallen een stap voor blijven. Terwijl de Bitcoingemeenschap voorzichtig dient te blijven voor aanvallen op grote schaal, hoeft de individuele Bitcoingebruiker zich geen zorgen te maken.

Hoe blijft Bitcoin gedecentraliseerd?

Een van Bitcoins meest belangrijke eigenschappen is dat iedereen op de wereld een volledige kopie kan downloaden van Bitcoins volledige grootboek. Alle historische transacties op het bitcoinnetwerk zijn dus inzichtelijk en iedereen kan voor zichzelf verifiëren of al deze gegevens correct zijn.

Zoals behandeld in hoofdstuk 2; *Wat is Bitcoin?*, wordt dit het draaien van een *node* genoemd. De eenvoud waarmee iemand een node kan draaien bepaalt de algehele censuurresistentie van het Bitcoinnetwerk. Als het Bitcoinnetwerk van een handjevol bedrijven of een kleine groep rijke mensen afhankelijk wordt voor het draaien van een node, dan zouden ze eventueel kunnen samenspannen, transacties kunnen wijzigen of bitcoins kunnen stelen. Iedere gebruiker kan een node draaien waarmee hij of zij alles kan valideren. Hij of zij hoeft daarbij dus op niemand anders te vertrouwen. Mochten er echter dure servers of snel internet nodig zijn om een node te draaien, dan worden armere mensen gedwongen om anderen te vertrouwen. Het netwerk zou zich al snel centraliseren rond eerstewereldlanden en high-tech industrieën.

Gelukkig zijn de benodigdheden voor het draaien van een node vooralsnog erg laag. Vele duizenden gebruikers uit verschillende continenten, volledig onbekend voor elkaar, verifiëren de blockchain van Bitcoin voortdurend. Bovendien kan ook de niet-technische gebruiker een node draaien, nu gebruiksvriendelijke hardware en software in toenemende mate beschikbaar komt. Op dit moment zijn er meerdere onderzoekers op instituten als MIT en Stanford die methodes ontwikkelen om in de toekomst een node op de mobiel te draaien, wat de decentralisatie van het Bitcoinnetwerk alleen maar ten goede kan komen.

Beschermt Bitcoin mijn privacy?

Dat Bitcoin anoniem zou zijn is een populair misverstand. Bitcoin is pseudoniem en met genoeg speurwerk en forensische analyse, is er een verband te leggen tussen de transacties en de identiteit van een gebruiker. Met de nodige operationele veiligheid kan een gewiekste Bitcoingebruiker zijn transacties dermate verbergen dat toezicht houden moeilijk wordt. Een gemotiveerde natiestaat of corporatie kan echter met de inzet van voldoende tijd en middelen nog steeds ieder individu opsporen.

Dat gezegd hebbende, levert Bitcoin veel betere privacy voor transacties dan de bestaande betalingssystemen. Online aankopen met bitcoin zijn mogelijk zonder privédata, zoals iemands naam, bankrekening of thuisadres, te onthullen. Dat is een verbetering ten opzichte van bestaande banksystemen waar overheden, corporaties en verkopers de privédata nodig hebben en daarna op dagelijkse basis delen, verkopen of lekken.

Lopende en geplande verbeteringen aan Bitcoin, zoals het Lightning netwerk, Taproot, Graftroot en Schnorr Signatures, zullen er gezamenlijk voor zorgen dat private bitcointransacties goedkoper en eenvoudiger worden. Bitcoin is in potentie een uitstekende privacytechnologie die financieel toezicht extreem lastig uitvoerbaar maakt.

Het internet was ooit volledig open en publiek. Aangezien gebruikers en bedrijven behoefte hadden aan meer privacy, zijn er additionele privacylagen ontwikkeld bovenop het originele internet. Bitcoin volgt een vergelijkbare route.

Hoe kan Bitcoin 7 miljard mensen voorzien in hun behoefte?

Toen onderzoekers in 1989 het World Wide Web (WWW) bedachten als applicatie bovenop het internet, leek het technisch nog onmogelijk dat gebruikers ooit in staat zouden zijn om onderling fotobestanden uit te wisselen, laat staan videomateriaal. Nu de technologie is verbeterd en doorontwikkeld, is het internet inmiddels dusdanig geschaald dat het ruimte biedt voor ooit ondenkbare applicaties waar veel data bewaard of verstuurd worden; bv. het delen van video's en videobellen. Iedere minuut wordt er zo'n 300 uur aan videomateriaal toegevoegd aan YouTube, en dagelijks worden er zo'n 5 miljard video's bekeken. Net zoals bij het internet, zijn er vele manieren om Bitcoin te schalen.

Zoals besproken in hoofdstuk 4; *Het belang van Bitcoin voor mensenrechten*, worden Bitcoins capaciteiten inmiddels vergroot door het Lightning netwerk. Naast een verbetering van de privacy, draagt Lightning ook bij aan de schaalvergroting van het Bitcoinnetwerk.

Lightning kan per seconde miljoenen bitcointransacties verwerken. Bitcoin ligt op koers om exponentieel op te schalen, waar traditionele betalingsnetwerken zoals Visa lineair schalen door meer en meer servers toe te voegen. Bitcoin is in potentie revolutionair voor geld en maakt volledig nieuwe producten zoals microbetalingen mogelijk. Zelfs 1-duizendste satoshi per betaling is niet ondenkbaar.

Bitcoin heeft de potentie om uit te groeien tot een allesomvattend wereldwijd betalingssysteem, door de nauwkeurige, langzame, extreem veilige en censuurresistente *on-chain* transacties te combineren met goedkope, extreem snelle transacties op het Lightning netwerk. Dit is een visie die waardevol genoeg is om na te streven, aangezien het de financiële macht van overheden en bedrijven weer in handen geeft van de gewone burger.

Hoewel je dat vandaag de dag je nauwelijks nog kunt voorstellen, is Bitcoin die 7 miljard mensen in hun behoefte voorziet net zo'n buitenaards concept als het door miljarden mensen streamen van videomateriaal ooit was voor het internet.

Is er extreme vermogensongelijkheid in Bitcoin?

Mensen die al in een vroeg stadium bij Bitcoin betrokken waren, hebben de kans gehad om heel veel bitcoin te verzamelen. De blockchain laat echter zien dat veel vroege instappers van 2009 tot 2012 ook veel van hun bitcoin in dezelfde periode hebben verkocht. Veel kopers die in 2011 nog voor $1 kochten, verkochten enkele maanden later voor $4 of nog weer een paar maanden later voor $30.

Bij veel vroege instappers ontbrak de sterke maag om de extreme volatiliteit en onzekerheid van de eerste dagen te kunnen doorstaan. Daarnaast verloren velen hun privésleutels, waardoor hun bitcoins voor altijd verloren zijn gegaan. Diegenen die vasthielden hebben het ecosysteem vanaf de start gesteund en geloven oprecht in Bitcoins potentie om de wereld te veranderen. Tegenwoordig zijn er een paar duizend adressen die de meerderheid van alle bitcoins bewaren. Enkele zijn van individuen die extreem rijk zijn, maar de meeste zijn van bedrijven (zoals Coinbase en Binance) die zulke adressen gebruiken om het vermogen van tientallen duizenden gebruikers te bewaren. Aangezien er geen 1 op 1 relatie is tussen adressen en gebruikers, is het erg lastig om exact te bepalen hoe de vermogensverdeling is.

Bitcoin gaat vermogensongelijkheid niet oplossen. Echter, als universeel beschikbaar middel voor waardeopslag dat niet vatbaar is voor inflatie door overheden, geeft Bitcoin zijn spaarders in ieder geval een eerlijke kans om naarmate ze ouder worden vast te houden wat op een eerlijke manier is verdiend. Dit in tegenstelling tot het huidige monetaire systeem.

Als er slechts 21 miljoen bitcoin zijn, hoe kan dat voldoende zijn voor de hele wereld?

Traditioneel is een enkele eenheid van fiatgeld typisch verdeeld in 100 kleinere eenheden, de zogeheten centen. Zowel de US dollar als de euro zijn deelbaar in 100 centen, de Chinese renminbi in 10 jiao of 100 fen, en de Tsjechische kroon in 100 heller.

Bitcoin daarentegen, is deelbaar in 100.000.000 (honderd miljoen) kleinere eenheden. De natuurlijke eenheid van bitcoin wordt een *satoshi* (in het kort: *sat*) genoemd, vernoemd naar de uitvinder van Bitcoin.

Dit betekent dat het totale aanbod van bitcoin neerkomt op 2.100.000.000.000.000 satoshis. Ter vergelijking, de deelbaarheid is groter dan die van de US dollar, waar het M2-geldaanbod op moment van schrijven

1.500.000.000.000.000 centen is.

Als gedachte-experiment resulteert het delen van alle bestaande satoshis door 7 miljard mensen in 300.000 sats per persoon. Dat lijkt voldoende deelbaarheid om aan alle economische activiteit van eenieder te voldoen, mocht bitcoin wereldwijd de dominante munteenheid worden.

Hoe kan ik bitcoin kopen? De prijs is zo hoog!

Bitcoin is deelbaar, dus het is mogelijk om een klein gedeelte van een bitcoin te kopen. Op dit moment (maart 2020) is €5,- bijvoorbeeld 0.00012 bitcoin waard.

Hoe kom ik aan bitcoin?

De voornaamste manieren om bitcoin te verkrijgen zijn:

1. minen
2. kopen
3. verdienen

Minen

Op dit moment in de geschiedenis van Bitcoin zijn de marges klein voor het minen van bitcoin. De benodigde apparatuur, industriële contacten en gespecialiseerde kennis vergen, vergelijkbaar met het delven van goud, jarenlange ervaring en miljoenen dollars aan kapitaalinvestering. Zodoende is het minen van bitcoin voorbehouden aan bedrijven en organisaties met significante middelen en kennis. Het onervaren individu maakt weinig kans om nog langer winstgevend te minen. Voor nieuwe gebruikers is bitcoin goedkoper te verkrijgen door ze simpelweg te kopen of verkrijgen als verdienste van arbeid.

Kopen

Er zijn meerdere manieren om bitcoin te kopen, de één meer privé dan de andere. Bitcoingeldautomaten (ATM's) en peer-to-peer handel is snel en relatief privé.

Daarnaast kan je je aanmelden bij online handelsplatformen, waarvan de meesten staan weergegeven onder *Additionele bronnen*. Nieuwe klanten zijn over het algemeen verplicht om persoonlijke informatie te delen en het registratieproces neemt hooguit enkele dagen in beslag. Deze bedrijven acteren als banken en houden bitcoin en fiatgeld van hun klanten in beheer. Door van dergelijke diensten gebruik te maken wordt een gedeelte van de privacy ingeleverd. De klanten kunnen de bitcoin indien gewenst opnemen en daarmee het volledige eigenaarschap over hun bitcoin veilig stellen door ze in hun persoonlijke wallet te bewaren.

Verdienen

Met een bitcoin- of Lightningwallet kan iedereen rechtstreeks bitcoin ontvangen als betaling voor goederen of diensten. Er zijn inmiddels payrolldiensten die het mogelijk maken om een gedeelte van het salaris in bitcoin te ontvangen.

Hoe gebruik ik een bitcoinwallet?

Er zijn veel verschillende soorten bitcoinwallets, zoals hardware wallets, desktop, mobiele en online wallets. Ieder heeft zijn eigen veiligheid, gebruiksgemak en privacy tradeoffs die de gebruiker nauw moet bestuderen.

Een redelijk veilige manier om bitcoin te bewaren is met een hardware wallet, weergegeven onder het kopje **Hardware wallets** in *Additionele bronnen*. De eenvoudigste manier om te beginnen is tegenwoordig echter het downloaden van een gratis mobiele wallet, waarvan sommigen staan weergegeven onder het kopje **Mobiele wallets** in *Additionele Bronnen*.

Nadat het downloaden voltooid is, is de eerste stap voor het instellen van een bitcoinwallet het aanmaken van een back-up. De back-up wordt een *recovery seed* genoemd en wordt gebruikt om de wallet te herstellen indien deze verloren is geraakt. De recovery seed is een lijst met woorden die gewoonlijk op een stuk papier wordt geschreven. Aangezien de recovery seed de wallet kan herstellen, moet deze veilig worden opgeborgen. Beschouw deze recovery seed dus alsof het een goudstaaf of diamant is. De recovery seed heeft aanzienlijke waarde en moet dus goed beveiligd worden. Naarmate het ecosysteem groeit, focussen nieuwe wallets zich op het verminderen van de complexiteit en verbetering van de gebruiksvriendelijkheid, veiligheid en privacy.

Zodra een wallet is ingesteld, creëert hij automatisch nieuwe adressen voor iedere nieuwe betaling. Dit is anders dan het gewone bankensysteem, waar een klant over het algemeen slechts 1 bankrekeningnummer krijgt. Bitcoin geeft betere financiële privacy door unieke adressen te genereren, die allemaal tot dezelfde bitcoinwallet behoren.

Zoals genoemd in de sectie – *Waarom zijn er zoveel bitcoinhandelsplatformen gehackt?*, worden investeerders die gebruik maken van extern beheerde wallets en/of beheerdiensten blootgesteld aan risico op hacks. Door bitcoin na aanschaf veilig op te bergen in persoonlijke wallets wordt dit risico beperkt.

Additionele bronnen

De Bitcoin Whitepaper

Bitcoin: A Peer-to-Peer Electronic Cash System door Satoshi Nakamoto is het originele meesterwerk waarmee de financiële innovatie van de laatste tien jaar in gang werd gezet.

Broncode

Bitcoin Core is de broncode voor Bitcoins node referentiesoftware. Initieel ontwikkeld door Satoshi Nakamoto, is er inmiddels door meer dan 500 ontwikkelaars van over de wereld aan bijgedragen.

Boeken

The Bitcoin Standard van Saifedean Ammous wordt algemeen beschouwd als het belangrijkste boek over Bitcoin. Het beschrijft de economische geschiedenis van geld en geeft uitleg hoe Bitcoin een alternatief kan zijn voor centraal bankieren. Dit boek is ook in het Nederlands beschikbaar: **De Bitcoin Standaard**

Inventing Bitcoin van Yan Pritzker legt stap voor stap uit hoe Bitcoin werkt. Basisbegrip van wiskunde is voldoende om het te begrijpen. *De Nederlandse vertaling komt naar verwachting in 2021 uit.*

The Internet of Money (Vol 1 & 2 & 3) van Andreas M. Antonopoulos is een bundeling van zijn essays en conferenties waarin hij dieper ingaat op het *waarom* van Bitcoin.

Programming Bitcoin is een hands-on technische handleiding over programmeren van Jimmy Song, een van 's werelds vooraanstaande docenten, gericht op ontwikkelaars met interesse om te bouwen met en bij te dragen aan de technologie van Bitcoin. (Engelstalig)

Grokking Bitcoin van Kalle Rosenbaum legt aan de hand van illustraties uit hoe Bitcoin werkt.

Bitcoin Money: A Tale of Bitville Discovering Good Money van The Bitcoin Rabbi is een kinderboek met kleurrijke karakters om kinderen te leren wat Bitcoin is. (Ook uitermate geschikt voor volwassenen)

Mastering Bitcoin: Programming the Open Blockchain van Andreas M. Antonopoulos is een allesomvattende gids over programmeren voor en met Bitcoin.

Websites & publicaties

BTCWiki.nl is een Nederlandstalige pagina met allerlei informatie over Bitcoin en Lightning. (NL)

Bitcoin.org bevat nuttige informatie over hoe te beginnen, naast andere documentatie en verwijzingen naar andere bronnen. Gebruik van Bitcoin.com is sterk af te raden, aangezien de website klanten probeert te misleiden door andere cryptovaluta als de echte Bitcoin (BTC) te propaganderen.

Bitcoin Wiki is een publieke informatiebron voor de gemeenschap van Bitcoingebruikers, ontwikkelaars, bedrijven en iedereen geïnteresseerd in Bitcoin.

Podcasts

Beginnen met Bitcoin neemt je mee van de basis tot meer complexe onderwerpen wat betreft Bitcoin en Lightning. (NL)

De Bitcoinshow is een podcast over Bitcoin vanuit een technisch en macro-economisch perspectief. (NL)

Satoshi Radio is een podcast over de laatste ontwikkelingen rondom Bitcoin. (NL)

Tales from the Crypt is een podcast van Marty Bent waarin hij Bitcoin bespreekt met interessante mensen.

What Bitcoin Did is een twee-wekelijkse show waarin Peter McCormack invloedrijke personen van de Bitcoin gemeenschap interviewt.

The Stephan Livera Podcast is een podcast met de focus op educatieve interviews en discussies over de economie en technologie van Bitcoin.

The Pomp Podcast is een podcast van Anthony Pompliano waarin hij met investeerders van het nieuwe en het oude financiële systeem samen zit om over digitale assets zoals Bitcoin te spreken.

Kopen en (ver)handelen

Disclaimer: Hoewel deze sectie specifieke websites, apps, en diensten binnen het Bitcoin ecosysteem benoemt, moet dit niet worden beschouwd als aanmoediging of investeringsadvies. Zoals met andere delen van dit boek, wordt de lezer aangemoedigd om zelf onderzoek te doen.

- Bitfinex — Handelsplatform opgericht in 2014 en gevestigd in Hong Kong
- Bitonic — Betrouwbare Nederlandse broker waarbij je met iDeal bitcoin kan kopen (NL)
- Kraken — Handelsplatform voor EU en VS met een groot aanbod aan verschillende cryptovaluta
- BTCdirect — Nog een betrouwbare Nederlandse broker waar je bitcoin met iDeal, bankoverschrijving of creditcard kan kopen (NL)
- LocalBitcoins — Peer-to-peer marktplaats, opgericht in 2012
- Bisq — Peer-to-peer marktplaats gericht op privacy, opgericht in 2014

Wallets

Mobiele wallets

- BlueWallet — iOS en Android
- Mycelium — Android
- Samourai — Android, voor gevorderde gebruikers

Hardware
(Aanrader om zelf je bitcoin veilig te bewaren. Je hebt zelf volledige controle.)

- ColdCard, voor gevorderde gebruikers
- Ledger
- Trezor

Node oplossingen

- Umbrel — Do it yourself Bitcoin en Lightning full node, zie de video's van de Nodezaak op YouTube.

Woordenlijst

adres Vergelijkbaar met een bankrekeningnummer, wordt bitcoin ontvangen op een bitcoinadres. Bij ieder adres hoort een privésleutel die de eigenaar in staat stelt om de bitcoin te spenderen door een transactie met een digitale handtekening te ondertekenen.

bancor De eenheid voor een globale valuta zoals voorgesteld bij Bretton Woods in 1944

Bitcoin Het netwerk van gedecentraliseerd, digitaal, schaars geld gecreëerd door Satoshi Nakamoto.

bitcoin De waarde-eenheid op het Bitcoinnetwerk. Iedere bitcoin is op te delen in 100.000.000 satoshi's.

blok Een groep bitcointransacties gecombineerd met een zeldzaam getal, de zogeheten proof-of-work. Een blok is equivalent aan een pagina in Bitcoins grootboek. Er wordt ongeveer iedere 10 minuten een nieuw blok gecreëerd.

blockchain Een gedecentraliseerd grootboek voor het eerst gebruikt door Bitcoin. In Bitcoin houdt de blockchain bij hoeveel bitcoin ieder adres bezit. De componenten van de blockchain zijn de blokken.

blockchaintechnologie Systemen die zijn ontwikkeld op basis van Bitcoins blockchain innovatie. Er is tot op heden nog geen wijdverspreide adoptie voor dergelijke projecten, met uitzondering van Bitcoin en een handvol cryptovaluta.

BTC het symbool/ticker van Bitcoin op exchanges, winkels en wallets. XBT is ook een populair symbool.

centrale autoriteit een agentschap of organisatie met (volledige) beslissingsbevoegdheid voor een bepaald systeem

centrale systemen Een systeem met een single point of failure. Dit kan bijvoorbeeld een systeem zijn waarin een individu, organisatie, bedrijf of overheid de volledige controle heeft.

crypto-naar-crypto exchanges Een exchange waarin handelen beperkt is tot cryptovaluta.

decentrale systemen Een systeem zonder single point of failure.

digitale handtekening Bewijs waarmee de gebruiker, of ondertekenaar, aangeeft de privésleutel te kennen. Dit is conceptueel vergelijkbaar met het ondertekenen van een cheque om aan te geven dat een bepaald persoon de rekeninghouder is, met als bijkomend voordeel dat er geen handschrift onthuld wordt. Bij het verzenden van bitcoin ondertekent de verzender de transactie, waarmee eigenaarschap wordt aangetoond zonder de privésleutel te onthullen.

dollarstandaard Monetair systeem waarin de US dollar dominant is voor de wereldhandel. Gestart in 1944 na Bretton-Woods en voortgezet in 1971 met de petrodollar.

fiatgeld geld waarvan de waarde berust op vertrouwen in de uitgevende instantie. Vaak ligt hier een wettige basis aan ten grondslag, zoals bij een wettig betaalmiddel, uitgegeven door de overheid.

fiatgeld-naar-crypto exchanges een handelsplatform (exchange) waar fiatgeld rechtstreeks verhandeld kan worden voor cryptovaluta.

FOMO "Fear Of Missing Out"(Angst om iets te missen), een term die vaak wordt gebruikt om het kuddegedrag en irrationele aankopen te beschrijven.

node software om de transacties en integriteit van de blockchain te valideren

gouden standaard wereldwijd dominant monetair systeem waarin de waarde van nationale valuta gedekt werd door een hoeveelheid goud in reserve.

halving (of halvering) is een gebeurtenis die iedere 4 jaar plaatsvindt op het Bitcoinnetwerk waarbij de blokbeloning voor de miners gehalveerd wordt.

KYC "Know Your Customer", letterlijk "ken uw klant" is beleidsvoering opgelegd door de overheid waardoor banken persoonlijke informatie van hun klanten moeten vergaren om financiële diensten aan te bieden. Deze informatie wordt vervolgens aangeboden aan de overheid onder de wet ter voorkoming van witwassen en financiering van terrorisme (Wwft).

leveraged exchanges (handelen met hefboom) Exchange waarbij tot 100 keer de inleg kan worden verhandeld.

Lightning netwerk Een systeem dat is ontwikkeld om de capaciteit van Bitcoin te vergroten tot miljoenen transacties per seconde. Deze innovatie is tevens een significante verbetering voor de privacy van Bitcointransacties.

liquiditeit geeft aan hoe eenvoudig een product kan worden omgezet in geld zonder dat dit (negatieve) invloed heeft op de prijs.

miner een individu, individueel bedrijf of groep (zogeheten "mining pools") die gespecialiseerde computers gebruiken om zeldzame proof-of-work getallen te vinden om nieuwe blokken te creëren.

blokbeloning / transactiekosten de bitcoins die een miner ontvangt voor het verwerken van transacties en beveiliging van het Bitcoinnetwerk.

Octopus card een elektronische betaalpas in Hong Kong.

off-chain transactie een transactie die niet wordt geregistreerd op de Bitcoin blockchain, zoals het geval is bij transacties op het Lightning netwerk.

on-chain transactie een transactie die wel wordt geregistreerd op de Bitcoin blockchain.

peer-to-peer exchanges een uitwisseling waarbij persoonlijke ontmoeting benodigd is.

privésleutel vergelijkbaar met de pincode van een bankrekening, geeft de privésleutel de mogelijkheid om bitcoins te verzenden van de bitcoinwallet. Bezit van de privésleutel is daarom hetzelfde als bezit van de bitcoin.

proof-of-work het zeldzame getal waarmee miners aantonen dat er werk is verzet (energie gebruikt) voor het volgende geldige blok zoals voorgesteld door de miner. Zodra deze gevalideerd is door de nodes, wordt deze toegevoegd aan de blockchain.

publieke blockchain een publiek toegankelijke blockchain die iedereen kan downloaden en onderzoeken.

sat / satoshi de kleinste eenheid van bitcoin. 100.000.000 (honderd miljoen) satoshi's zijn 1 bitcoin.

Satoshi Nakamoto de uitvinder van Bitcoin.

wallet een app of hardware apparaat waarmee de gebruiker bitcoin kan verzenden en ontvangen.

whitepaper een gezaghebbend, vaak academisch rapport met als doel om de lezer over een bepaald onderwerp te informeren. In Oktober 2008 publiceerde Satoshi Nakamoto Bitcoin en zijn technische details in dit formaat: de Bitcoin whitepaper.

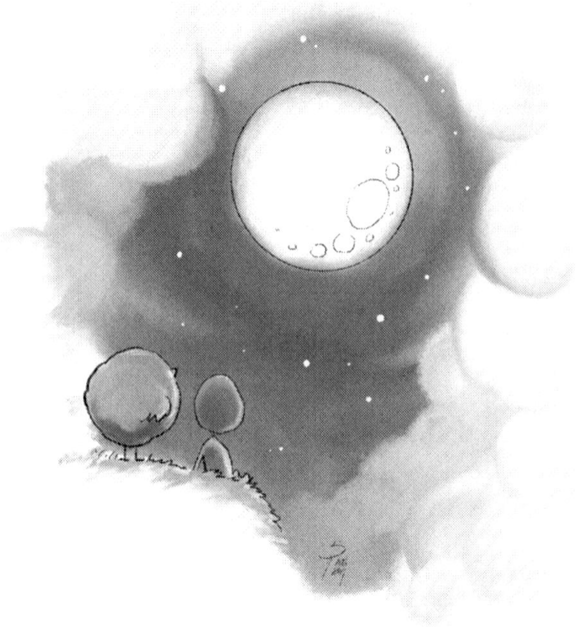

Dankwoord

De auteurs willen de volgende personen bedanken voor hun tijd en expertise: Leigh Cuen, Sam Corcos, Nick Foley, Irl Nathan, Jane Song Lee, June Park, Rodrigo Linares, Jan Capek, Nick Neuman en Tomiwa Lasebikan.

We danken ook de volgende personen voor hun ondersteuning tijdens de boek-sprint: Bill Barhydt, Daniel Buchner, Cryptograffiti, Jill Carlson, Juan Gutiérrez, Han Hua, Ben Richman, Bill Tai, Mike Youssefmir en Sebastien Lhuilieri.

De volgende personen hebben ons de afgelopen jaren geïnformeerd en geïnspireerd: Nick Szabo, Andreas Antonopoulos, Jameson Lopp, Elizabeth Stark, Marek Palatinus, Pavol Rusnak en Michelle La.

De volgende organisaties hebben ons aangemoedigd om dit boek te schrijven: Blockchain Capital, BloomX, Casa, Human Rights Foundation, BuyCoins Africa, Open Money Initiative en University of Texas.

Tot slot, willen we Tim Chang bedanken voor het beschikbaar stellen van zijn prachtige woning, maar belangrijker, onze families en geliefden voor hun niet-aflatende steun.